생삼사일의
삶,

성주
등암 배상룡
종가

기획 경상북도 · 경북대학교 영남문화연구원 | **지은이** 황동권

경북의 종가문화 연구진

연구책임자	정우락(경북대 국어국문학과)
공동연구원	황위주(경북대 한문학과) 이세동(경북대 중어중문학과)
종가선정위원장	황위주(경북대 한문학과)
종가선정위원	이수환(영남대 역사학과) 홍원식(계명대 철학과) 배영동(안동대 문화유산학과) 조재모(경북대 건축학과) 이치억(공주대 윤리교육과)
종가연구팀	김소연(영남문화연구원 연구원) 정보선(영남문화연구원 연구원) 김위경(영남문화연구원 연구원) 김종구(영남문화연구원 연구원)

축 · 간 · 사

경상북도에서 『**경북의 종가문화**』 **시리즈** 발간사업을 시작한 지 벌써 15년째가 되었습니다. 본 사업은 더 늦기 전에 지역의 종가문화를 기록으로 남겨 후세에 전해야 한다는 절박함에서 비롯되었고, 그간 많은 분들의 노고에 힘입어 어느새 76권의 책자가 발간되는 데 이르렀습니다. 이러한 결실은 우리 지역의 문화자산으로 자리 잡아 가고 있어, 경북 도민의 한 사람으로서 무척 보람되게 생각합니다.

경북은 예로부터 수많은 명현거유名賢巨儒가 배출되었고, 그분들이 이룩한 전통문화가 집적되어 온 중심입니다. 특히 이러한 전통문화의 중심에는 바로 경북의 종가宗家가 있습니다. 종가는 수백 년에 걸쳐 지역 사회의 구심점이자 전통문화의 상징으로 자리 잡아 그 역할을 묵묵히 수행해 왔습니다. 우리 도는 많은 수의 종가가 고유의 문화를 오늘날까지 지켜 오고 있기에, 우리나라 종가문화의 보고寶庫라고 해도 과언이 아닙니다.

하지만 최근 급변하는 사회와 종손·종부의 고령화 등으로 인해 종가문화가 점차 훼손·소멸되고 있는 실정입니다. 이에 경상북도에서는 종가문화를 보존·활용하는 한편, 발전적으로 계승하기 위해 2009년부터 **'종가문화 명품화 사업'**을 추진해 오고 있습니다. 체계적인 학술조사 및 연구를 통해 관련 인프라를 구축하고, 명품 브랜드화하는 등 향후 발전 가능성을 모색하기 위해 다방면으로 노력하고 있습니다.

경북대학교 영남문화연구원을 통해 2010년부터 추진하고 있는 『경북의 종가문화』 시리즈 발간도 이러한 사업의 일환입니다. 도내 종가를 대상으로 현재까지 『경북의 종가문화』 시리즈 76권을 발간하게 되었으며, 결과물은 관계 문중은 물론 일반인들로부터도 큰 호응을 얻고 있습니다. 이들 시리즈는 종가의 입지 조건과 형성 과정, 역사, 종가의 의례 및 생활문화, 건축문화, 종손과 종부의 일상과 가풍의 전승 등을 토대로 하여 일반인들이 쉽고 재미있게 읽을 수 있는 교양서 형태의 책자 및 영상물(USB)로 제작되었습니다. 철저한 현장조사를 바탕으로 관련 분야 전문가들이 집필함으로써 알차게 내용을 꾸미는 한편, 개별 종가의 특징을 부각시키고자 노력하였습니다.

이러한 노력으로, 금년에는 **『대구 대암 박성 종가』**, **『안동 운천 김용 종가』**, **『상주 이재 조우인 종가』**, **『성주 등암 배상룡 종가』** 등 4곳의 종가를 대상으로 시리즈 4권을 발간하게 되었습니다. 이 시리즈의 발간은 계속되어 도내 100개 종가를 목표로 연차적으로 추진해 나갈 계획입니다. 이러한 시도는 종가 관련 자료의 축적을 통해 종가문화 보존 및 활용을 위한 기초자료를 제공함은 물론, 일반인들에게 우리 전통문화의 소중함과 우수성을 알리는 데 크게 도움이 될 것입니다.

최근 유교적 가치와 문화에 대한 재조명이 활발히 이루어지고 있습니다. 그 바탕에는 오늘날까지 전통문화를 올곧이 지켜 온 종문宗門의 숨은 저력이 있었음을 기억하며, 우리 도에 내재한 전통문화를 계승해 나가야 할 것입니다. 이를 통해 경북의 정체성 확립은 물론, 미래지향적인 새로운 정신을 찾아 세계적 정신문화로의 발전으로까지 이어질 수 있을 것이라 확신합니다.

앞으로 경상북도에서는 현재 잊혀져 가는 종가문화에 대한 국가차원의 컨트롤 타워 건립을 위해 힘쓸 것입니다. 아울러 종가문화에 대한 지속적인 조사·연구 추진과 더불어, 종가의 보존관리 및 활용방안을 모색하는 데 적극 노력해 나갈 것을 약속드립니다. 이를 통해 전통문화를 소중히 지켜 오신 종손·종부님들의 자긍심을 고취시키고, 나아가 전국의 종가를 연계하는 종가문화 네트워크 구축과 더불어 종가문화를 세계적인 명품브랜드로 육성해 나갈 계획입니다.

끝으로 이 사업을 위해 애쓰신 정병호 경북대학교 영남문화연구원장님과 연구 책임자이신 정우락 교수님을 비롯한 연구원 여러분, 그리고 집필자분들의 노고에 진심으로 감사드립니다. 아울러, 각별한 관심을 갖고 적극적으로 협조해 주신 종손·종부님께도 감사의 말씀을 드립니다.

2024년 3월

경상북도지사 이 철 우

지·은·이·의 말

종가宗家는 유교적 가계 제도의 종법宗法에 따라 족보상 문중에서 맏아들로 이어져 온 큰집을 말하며, 조상의 제사를 모시고 가문의 전통과 문화를 계승하는 역할을 한다. 과거에는 종가가 문중의 최고 권위를 가진 존재로서, 문중의 재산과 인적 자원을 통제하는 역할을 했다. 그러나 산업화·도시화·세계화 등을 거쳐 4차 산업혁명의 시대를 맞이하는 급속한 사회 변화 속에 종가와 종가문화는 빠르게 사라지고 있다. 이대로라면 얼마 지나지 않아 종가는 우리 주변에서 사라져 박물관에서나 볼 수 있을 것이다. 한번 사라진 종가와 종가 문화는 다시 복원하기가 매우 어렵다. 그러므로 지금 우리는 종가의 종택과 사당, 문헌과 유물, 의례와 음식, 종손과 종가 사람들의 삶과 이야기를 기록하고 영상으로 남겨야 한다. 경북대학교 영남문화연구원에서는 영남의 많은 종택이 방치되고, 제례·복식·음식 등의 종가문화가 사라지는 심각한 상황을 보고 매우 안타깝게 여겼다. 그래서 2009년 경상북도의 지원을 얻어 경북 100개 종가의 기록화 작업에 착수하여 지금까지 72개의 종가를 대상으로 『경북의 종가문화』 시리즈 72권을 발간하였다.

필자는 영남학파 문학에 관심을 두고 공부하고 있다. 2022년 8월에 영천 출신의 훈수塤叟 정만양鄭萬陽과 지수篪叟 정규양鄭葵陽 형제의 학문 경향과 시문학을 주제로 박사학위를 받았다. 마치 방금 면허증을 따고 도로로 막 나선 초보 운전자인 셈이다. 작년 5월 초에 경북대학교 정우락 교수님으로부터 성주의 등암藤庵 배상룡裵尙龍(1574-1655) 종가 집필을 맡아 달라는 연락을 받았다. 처음에는 너무 당황스럽고 두려웠다. 『경북의 종가문화』 시리즈 집필자는 대부분 영남학파 연구에 많은 성과를 내고 있는 학자들로, 필자가 영남학파를 공부하면서 늘 논문이나 책으로 접하던 분들이었다. 필자가 여기에 집필자로 참여한다는 것은 평소 생각해 본 적이 없던 일이었다. 게다가 등암 배상룡에 대해서는 자세하게 알지 못하였다. 이런 이유로 정우락 교수님께 정중하게 사양하였다. 그러나 이 사업이 이제 막바지에 이르고 있고, 또 신진 연구자들에게도 기회를 주고 있기 때문에 영남학파 공부에 도움이 된다는 정우락 교수님의 격려에 덜컥 한번 해 보겠다고 하였다.

경상북도 성주군 대가면 도남리 뒷개[後浦] 마을에 있는 등암종가는 등암 배상룡을 불천위로 모시고 있는 종가이다. 이 가문은 서암書巖 배덕문裵德文과 그의 아들 서강西岡 배설裵楔 장군, 배건裵楗, 배즙裵楫, 그리고 손자 배상룡 등 3대가 임진왜란 때 의병과 관군으로 왜군에 맞서 싸워 빛나는 전공을 세웠다. 특히, 배상룡은 생삼사일生三事一의 삶을 실천한 학자로, 학문과 덕행이 뛰어나 영남 사림의 신망信望이 두터웠다. '생삼사일'이란 낳아 준 세 사람, 즉 아버지와 스승과 임금을 똑같이 섬겨야 한다는 뜻으로, 군사부일체君師父一體와 의미가 통한다.

배상룡은 관직에 나간 적이 없는 포의布衣의 선비로 국가가 위기에 직면할 때마다 의병을 일으키거나 종군從軍하여 적들과 싸움으로써 백성의 의무를 다하였다. 배상룡은 가정의 가르침을 제외하고 평생 두 분의 스승을 섬겼는데, 바로 한강寒岡 정구鄭逑와 여헌旅軒 장현광張顯光이다. 30년 동안 한결같이 한강 선생을 스승으로 받들었고, 한강 선생이 세상을 떠난 뒤에는 10여 년 이상을 여헌 선생을 스승으로 섬겼다. 그들이 세상을 떠난 뒤에는 본인이 죽을 때까지 80세의 노구를 이끌고 스승을 기리는 사업을 추진하였다. 배상룡에게 아버지 배설 장군은 아픔이자 회한이었다. 그가 기억하는 아버지는 죽음 따위를 두려워하지 않는 호방한 기상의 장수였다. 배상룡은 아버지가 비명에 가신 뒤로부터 두문불출하며 실의에 빠졌으나 그에게는 할아버지·어머니·어린 아우 등 돌봐야 할 가족이 많았다. 그래서 아버지를 대신해 집안일을 짊어지고 가족의 슬픔을 위로하며 그들의 깊은 상처를 치료하는 데 최선을 다하였다.

필자는 등암종가의 빛나는 의병 공적과 배상룡의 삶을 충실하게 정리하고, 건축과 의례 등의 종가문화를 상세하게 기록하며, 종손과 종부의 삶을 진실하게 담아 내려고 노력하였다. 그러나 필자의 역량 부족으로 미흡한 점이 많아 너무나 아쉽다. 앞으로 등암종가에 계속 관심을 가지고 꾸준히 연구해 가겠다는 다짐으로 위안을 삼고자 한다.

글의 성격상 하나하나 각주를 달지 못했지만, 글을 쓰는 데 선행연구에서 많은 도움을 받았다. 특히, 이세동 교수의 「등암藤庵 배상룡裵尚龍의 생삼사일生三事一의 삶」과 한국국학진흥원에서 발간한 『(국역)등암선생문집』, 배한동 교수의 「경상우수사 배설裵楔 장군의 임란활동과 공적」 등은 주요 내용을 집필하는 데에 큰 도움이 되었다. 이

자리를 빌려 감사의 마음을 전한다. 아울러 참조한 나머지 자료들은 책의 뒷부분에 제시하는 것으로 이해를 구하고자 한다.

이 책이 나오기까지 많은 분의 도움을 받았다. 종가를 방문할 때마다 따뜻하게 맞아 주신 배한경 종손 어른과 김영순 종부님, 종가의 내력에 대해 자상하게 설명해 주신 성주유도회 배재관 회장님, 부족한 원고를 꼼꼼하게 읽고 수정해 주신 배한동 교수님, 배설 장군을 비롯한 종가의 많은 자료를 제공해 주신 배윤호 선생님 등 모두 소개할 수 없지만, 지면을 빌려 감사한 마음을 전하고 싶다.

마지막으로 필자에게 원고 집필을 부탁하고 격려해 주신 정우락 교수님, 원활한 집필을 위해 방대한 자료를 정리해 주고 고된 사진 촬영도 마다하지 않은 경북대학교 영남문화연구원 종가문화연구팀의 여러 연구원께도 감사의 마음을 전한다.

2024년 3월

황동권

성주 등암 배상룡 종가

목 차

제 1 장

뒷개[後浦] 마을과 등암종가

뒷개[後浦] 마을과
등암종가

1 뒷개 마을의 역사·지리적 환경

성주星州는 산천이 수려하고 물산이 풍부하며 명현석학名賢碩學들이 대代를 이어 배출된 영남의 큰 고을이다. 그래서 귀암歸巖 이원정李元禎(1622–1680)은 『경산지京山志』에서 "(성주는) 경상도 안에서 강좌江左의 안동安東, 강우江右의 상주尙州와 함께 서로 우열을 다툴 만하다."라고 하였다. 그뿐만 아니라 성주는 정삼품 목사가 다스리던 조선 20목牧 가운데 하나인 큰 고을이었다. 신라는 이곳 성주에 본피현本彼縣을 설치했다가 신안현新安縣, 벽진군碧珍郡으로 이름을 바꾸었고, 고려는 940년(태조 23)에 경산부京山府를 설치했다가 광평군廣平郡, 대주도단련사岱州都團練使, 흥안도호부興安都護府, 성주목星州牧 등으로 이름을 바꾸었다. 1310년(충

『경산지』

선왕 2)에 다시 경산부로 환원시켜 조선 초까지 유지되다가 조선 태종 원년(1401)에 어태御胎를 용암면 조곡산에 안장한 뒤, 성주목으로 승격시켰다. 그 뒤 월항면 선석산禪石山 아래 태봉胎峰 정상에 세종대왕의 왕자태실군王子胎室群을 조성하면서 성주는 왕실과 친연성이 깊은 고을이 되었고, 다시 단종의 어태가 가천면 법림산에 이안移安되면서 목으로서의 위상이 공고해졌다. 그러나 성주는 단순히 왕실과의 친연성 때문에 목이 된 것만은 아니었다. 고려의 경산부는 1군(고령군) 14현(대구현 등)을 거느렸으며, 조선의 성주목 예하에도 가리현加利縣(현재의 고령군 성산면·다산면 일대), 화원현花園縣(현재의 달성군 화원읍 일대), 팔거현八莒縣(현재의 칠곡군 일대) 등 세

성주 세종대왕자 태실(문화재청 제공)

속현屬縣이 있었으니 목이 되기에 손색이 없는 큰 고을이었음이 분명하다.

성주는 경상북도 서남쪽에 있는 군으로, 동쪽은 낙동강을 건너서 대구광역시 달성군과 경상북도 칠곡군, 북서쪽은 김천시, 남쪽은 고령군, 남서쪽은 가야산伽倻山(1,432m), 경상남도 합천군과 맞닿아 있다. 지세는 남서쪽 경계에 있는 가야산을 중심으로, 높고 낮은 산들이 군 전체를 둘러싼 작은 분지 형태를 이루고 있다. 서북쪽에는 가천면伽泉面의 형제봉兄弟峯(1,022m), 독용산禿用山(956m), 금수면金水面의 염속산厭俗山(872m), 초전면草田面의 백

뒷개 마을에서 바라본 가야산 전경

마산白馬山(716m) 등이 높이 솟아 고지대를 형성하고 있다. 동남쪽에는 비교적 낮은 산들이 분포하며 넓은 평야가 형성되어 있다. 하천은 서북쪽의 산악 지대에서 발원한 대가천大伽川이 군의 동남쪽으로 흘러 고령군을 지나 낙동강에 흘러들고, 염속산에서 발원하여 성주의 중심부를 흐르는 이천伊川과 백마산에서 발원하여 성주의 남쪽으로 흐르는 백천白川이 합류하여 낙동강으로 흘러든다.

이중환李重煥(1690-1752)은 『택리지擇里志』에서 "감천甘川 남쪽은 선석산禪石山이고, 선석산 남쪽은 성주와 고령高靈이다. 고령

은 옛 가야국伽倻國이며, 또 남쪽은 합천陜川으로, 모두 가야산 동쪽에 있다. 이 세 고을의 논이 영남에서 가장 기름져 적은 종자로 많은 양을 수확할 수 있으므로 그 지역 백성은 모두 부유하여 떠돌아다니는 자가 없다. 성주는 산천이 맑고 아름다워 고려 때부터 이름난 사람과 현달한 선비가 많았다. 조선에 와서는 동강東岡 김우옹金宇顒(1540–1603)과 한강寒岡 정구鄭逑(1543–1620)가 이 고을 사람이다."라고 하였다. 이렇듯 서북쪽의 산악 지형 및 동남쪽의 드넓은 평야 지대에 대가천·이천·백천이 흘러 형성된 넓은 농경지와 비옥한 토지로 인해, 성주는 일찍부터 농업이 발달

뒷개 마을 전경

하여 백성들이 부유했을 뿐만 아니라 양반들의 좋은 생활 터전이 되었다. 그 결과 2000년 기준으로 성주를 본관으로 하는 성씨는 29개로, 성주이씨星州李氏·성산배씨星山裵氏·성주도씨星州都氏·성산여씨星山呂氏 등의 성주의 토성과 처향과 외향을 따라 이주한 청주정씨淸州鄭氏·의성김씨義城金氏 등이 제각각 그 뿌리를 내리고 문벌과 학덕을 갖춘 재지사족在地士族으로 성장하여 명망이 있는 학자와 관료를 다수 배출하였다. 특히, 동강 김우옹과 한강 정구는 성주를 글 읽는 소리가 드높은 유향儒鄕으로 만들었으니 이중환의 말은 빈말이 아니었다.

한편, 성주군 대가면大家面 도남리道南里 뒷개[後浦] 마을은 성산배씨 진사공파進士公派 후손들의 세거지이다. 도남리는 대가면 서쪽 도장골산의 남동쪽 평지에 자리한 마을로, 동부와 남부는 대가면의 옥화리와 대천리, 서부와 북부는 가천면과 금수면에 접한다. 도남리는 통일 신라 이후 금파곡방今巴谷坊에 속했는데, 1845년(헌종 11) 성주목사 김횡金鐄(1784~1847)이 금파곡방을 금파방今巴坊으로 바꾸었다. 1895년(고종 32) 5월 관제 개혁 때 현재의 군 명칭인 성주군星州郡으로 확정하고 방坊을 면面으로 개편하였다. 1914년 3월 행정 구역 개편 때 후포後浦(뒷개)·전인全仁·신안新安과 보남寶南과 이천伊川의 일부를 합하여 도남동道南洞이라 하고, 금파면과 대가면, 사천면을 합한 대가면의 법정동으로 편제하였다. 도남동은 1868년(고종 5) 도천서원道川書院 훼철 후 1899년(고종 36) 건립된 도남재道南齋의 명칭을 따른 것이다. 1988년 조례 제1076호에 따라 동洞을 리里로 개정하여 대가면 도남리가 되었다.

도남리는 동쪽으로 갈밭 북동쪽에 솟은 회봉산回峰山이 금수면과 경계를 이루며, 서쪽으로 북서쪽 뒷뫼[都山]에서 남동쪽으로 이어지는 동천산東泉山 등의 산지가 대가면과 가천면의 경계를 이룬다. 도남리 서쪽 경계를 이루는 산지에는 동쪽의 도남1리 뒷개와 보남에서 서쪽 가천면 중산리 머지미 마을로 넘어가는 개고개가 있다. 이들 산지에서 발원한 소하천이 합쳐져 도남천을 이루고, 도남천은 남쪽으로 흘러 뒷개와 언천 마을을 거쳐 굴목이 마을 아래에서 대가천大伽川에 합류한다.

도남천 주변으로 자연 마을이 산재해 있는데, 그중에 성산 배씨 등암종가藤庵宗家는 대가면 도남리 뒷개 마을에 있다. 뒷개 마을은 국도 제33호선의 대천 삼거리에서 금수면 쪽으로 이어지는 군도 제1호선을 따라 1.5km 정도 떨어져 있다. 북서쪽으로는 뒷뫼(520m)를 두고 있고, 북쪽으로는 같은 마을 권의 자리섬 마을이 있으며, 또 자리섬 마을 뒷산 약 230m 높이에 할미산성이 있다.

할미산성은 삼국 시대의 관방 유적으로, 현재 일부 흔적만 확인될 뿐 축성 시기 등은 알 수 없다. 이 성은 노고성老姑城으로도 불리는데, 구전에 따르면 마고할미가 치마에 돌을 담아 노고성과 구미 지역의 금오산성金烏山城을 함께 쌓았다고 한다. 또 독용산성禿用山城의 장군 김덕의 부하들이 할미산성을 쌓았다고 전해지기도 한다. 그리고 쌀을 보관하던 곳이라 하여 합미산성合米山城이라고 불리기도 한다. 할미산성은 성주군 금수면 명천리와 대가면 도남리 일대에 걸쳐 있다. 성주군 금수면 명천리 윗수름재의 말단부부터 도장골산의 정상부를 중심으로 축성되었다. 산성 대부분은 성주군 금수면 명천리에 자리하며, 남벽의 일부가 대가면에 걸쳐 있다.

뒷개 마을은 1920년 대홍수로 마을 전체가 피해를 보았다. 이 때문에 주민들이 도남천道南川 서쪽 현재의 자리와 인근 마을인 갈밭 마을과 청룡 마을로 이주하였는데, 도남천 건너편에 주

도남1리 보호수 소나무

민들이 새로 이주한 마을도 그대로 뒷개라고 불렀다. 원래 이곳은 갯벌이었는데 이 갯벌 뒤로 마을이 있어 후포後浦라고 불렀다는 이야기도 있다. 또 서암書巖 배덕문裵德文(1525–1603)이 마을의 형국이 행주형行舟形이어서 배가 떠난 뒤 남아 있는 나루라 하여 이 마을을 뒷개라고 불렀다는 이야기도 있다.

마을 입구에 노송老松 한 그루가 있는데, 높이가 4.5m, 둘레가 4m, 뻗은 가지가 동서남북이 각각 14m이다. 1982년 10월 26일 성주군에서 이 노송을 보호수로 지정했는데, 이때 수령이 370년이었다. 2024년 현재 기준으로 이 노송은 수령이 약 412년이 되었지만, 그 푸름을 잃지 않고 있다. 배덕문의 손자 등암藤庵 배상룡裵尚龍(1574–1655)이 행주형 마을에 배를 묶어 둘 말뚝이 있어야 한다는 뜻에서 1620년(광해군 12) 무렵에 이 노송을 심었다고 전해진다. 등암이 세상을 떠난 뒤에 그의 문인인 만회정晩悔亭 송세빈宋世彬(1612–1677)이 등암의 아들 배세유裵世維와 함께 이 노송을 보고 느낌이 있어 칠언절구 한 수를 지었다.

견배지경세유정반노송유감見裵持卿世維庭畔老松有感

그대 집 마당 가의 외로운 소나무　　君家庭畔一孤松
일찍이 선인께서 직접 심은 것이지　　曾是先人手植封
바람에 흔들리는 나무는 소리 내고 산달은 희데　　風樹有聲山月白
추억을 더듬자 눈물이 가슴을 적시네　　摩挲追憶淚沾胸

– 송세빈宋世彬, 『만회정유고晩悔亭遺稿』

송세빈은 뒷개 마을 입구에 외로이 서 있는 소나무가 등암이 직접 심은 것이라고 하였다. 그리고 그날 밤 소나무는 바람에 흔들리며 소리를 내고 산 위에 뜬 달은 희다고 했는데, '풍수지탄風樹之歎'의 고사를 인용하였다. '풍수지탄'은 『한시외전韓詩外傳』에 나오는 말로, 공자가 길을 가는데 고어皐魚라는 사람이 슬피 울고 있기에 까닭을 물었더니 "나무는 고요하고자 하는데 바람이 그치지 않고, 자식은 봉양하고 싶은데 어버이는 기다려 주지 않습니다.[樹欲靜而風不止 子欲養而親不待]"라고 하고는, 서서 울다가 말라 죽었다는 고사에서 유래하였다. 다시 말하면 어버이가 세상을 떠나 다시는 봉양할 수 없는 자식의 슬픔을 말한다. 송세빈은 아버지와 같은 스승인 등암이 세상을 떠난 뒤에 그의 아들과 함께 스승이 직접 심은 소나무를 어루만지고 스승과의 추억을 회상하며 슬픈 눈물을 흘린 것이다. 등암에 대한 송세빈의 존모의 감정이 잘 드러나 있다.

2 성산배씨의 뒷개 마을 입향

성주 토성 중의 하나인 성산배씨는 배인경裵仁慶이 고려 충숙왕忠肅王 때 흥안부원군興安府院君에 봉해지면서 흥안(지금의 성주)을 본관으로 삼았다. 지금은 성산배씨·성주배씨로 불린다. 배씨裵氏는 원래 신라 6성姓의 하나였다. 『삼국유사』「신라시조박혁거세」조항을 보면, "신라의 옛 땅인 진한辰韓에 알천閼川의 양산촌楊山村·돌산突山의 고허촌高墟村·무산茂山의 대수촌大樹村·취산觜山의 진지촌珍支村·금산金山의 가리촌加利村·명활산明活山의 고야촌高耶村이라고 하는 육촌六村이 있었다. 이 여섯 마을의 대표가 알천 언덕에 모여 박혁거세朴赫居世를 맞이하여 신라 시조로 삼았는데, 약 100년 뒤인 유리왕儒理王 9년(A.D.32)에 여섯 마을 이름을 각각 급량부及梁部·사량부沙梁部·모량부牟梁部·본피부本彼部·한지부漢祇部·습비부習比部 등으로 고치고, 이들에게 각각 이李·정鄭·손孫·최崔·배裵·설薛 등의 성씨를 하사하였다."라고 하였다. 이 중에 배씨는 금산가리촌, 곧 지금의 경주 명활산 아래 분황사 일대를 생활의 근거지로 삼았고, 촌장 지타祇沱가 그 시조라고 하였다. 이후 배씨는 육두품六頭品 귀족으로 활약하였다.

918년(태조 1) 고려가 건국될 때 배현경裵玄慶은 신숭겸申崇謙·복지겸卜智謙·홍유洪儒 등과 함께 기병장騎兵將으로 있으면서, 궁예弓裔의 폭정에 항거하여 왕건王建을 고려 태조로 추대하여 고려를 세우게 하였다. 이후 군사를 총괄하여 후삼국을 통일하는 데 많은 공을 세워 935년(태조 18)에 신숭겸·복지겸·유금필庾黔弼·최응崔凝과 함께 일등 공신에 녹훈되었다. 배현경은 초명이 백옥삼白玉衫이고 경주 사람이다. 담력이 남보다 뛰어났고, 병사 출신으로 거듭 승진하여 대광大匡에 올랐다. 936년(태조 19) 배현경이 병에 걸려 위독하자 태조가 그의 집을 찾아가서 그의 손을 잡고 "아아! 운명이로다! 무릇 경의 자손이 있으니, 내가 감히 잊을 수 있겠는가!"라고 하였다. 태조가 문을 나서자마자 배현경이 죽었다. 태조는 어가를 멈추고 관리에게 장례를 잘 처리하도록 한 뒤에 돌아왔다.

배현경은 시호가 무열武烈이고, 아들은 배은우裵殷祐이다. 배현경은 세상을 떠난 뒤, 994년(성종 13)에 태사太師로 추증되어 태조 묘정廟庭에 배향되었다. 조선에 들어와서도 고려의 왕을 제사 지낸 마전麻田의 숭의전崇義殿에 배향되었고, 그 밖에 나주의 초동사草洞祠, 평산 태백산성의 태사사太師祠 등에 배향되었다. 고려의 개국공신인 배현경은 배씨의 중시조가 된다.

성산배씨의 기세조起世祖인 배위준裵位俊은 고려 시대에 삼중대광三重大匡 벽상공신壁上功臣에 올랐다. 배위준의 현손인 배인경裵仁慶(5세)은 충선왕 때 추밀원사를 지냈고, 충숙왕 때 흥안부원군에 봉해짐으로써 후손들이 성산을 본관으로 삼아 세계를 이어오고 있다. 배인경은 고려 원종元宗 때 한림학사에 선발되어 숭문전崇文殿에서 『서경書經』「홍범洪範」, 『예기禮記』「월령月令」, 『중용中庸』을 강론했는데, 그의 해석이 매우 정밀하여 원종이 금 20냥과 비단 20필을 하사하였다. 이때 그의 나이가 28세였다. 충렬왕忠烈王 때 보문각직학사寶文閣直學士로 문덕전文德殿에서 『논어論語』를 강론하였다. 충선왕 때 지추밀원사知樞密院事가 되었으나, 그는 나이가 많으므로 벼슬에서 물러나 고향으로 돌아가기를 청하였다. 충선왕은 "경은 대대로 공신의 자손으로 선조의 은총을 입은 노신인데, 이제 어찌 나를 멀리하는가!"라고 하며, 궤장几杖을 하사하고 직무를 담당하도록 하였다. 배인경은 1313년 충숙왕忠肅王이 즉위하자 벼슬에서 물러나 흥안부원군에 봉해졌다. 특히, 배인경의 두 아들 배문적裵文迪(6세)과 배무적裵武迪 형제가 크게 현달顯達하여 성산배씨의 양파를 형성하였다. 배문적은 판추밀원사判樞密院事를 지냈고, 배무적은 삼한벽상공신三韓壁上功臣이었다.

묘소는 실전되었으며, 성주군 성주읍 성주읍4길에 있는 흥안재興安齋 앞마당에 신도비가 세워졌다. 흥안재 숭덕사崇德祠에서는 성산배씨의 기세조 배위준과 흥안부원군 배인경의 위패가 봉안되어 매년 양력 5월 5일에 향사를 봉행하고 있다. 2007년에는 경기도 파주시의 고려통일대전에도 배향되었다.

배인경의 증손 배진손裵晉孫(8세)은 자가 사려士麗, 호가 아당我堂이다. 고려 말에 문과에 급제하여 판공부사判工部事를 지냈다. 조선이 건국되면서 태조太祖 이성계李成桂가 배진손을 자헌대부資憲大夫 공조판서工曹判書로 불렀으나, 그는 본성이 청렴결백한 데다가 벼슬에 나갈 뜻이 없어 산림에 은거하여 오직 학문을 집안에 전하며 모범적인 삶을 살았다. 슬하에 배규裵規·배구裵矩·배현裵俔 삼 형제를 두었는데, 삼 형제는 아버지의 뜻을 잘 계승하여 뜻을 독실히 하고 힘써 실천하여 모두 현달하였다. 성주군 용암면 계상리에 배진손의 묘소와 모도재慕道齋·신도비가 있다. 모도재에서는 매년 음력 10월 2일에 제향을 올린다.

배진손의 삼남 배현裵俔(9세)은 진사공파進士公派의 파조派祖로, 자는 중성仲成, 호는 수당修堂이다. 1396년(태조 5)에 성균진사에 합격하여 덕을 세우고 학문을 크게 이루었으며, 성균관에서 학생들을 가르쳐 효제충신孝悌忠信의 모범이 되었다. 슬하에 배웅裵雄, 영암군수靈巖郡守를 지낸 배영성裵永成, 배윤모裵允謨를 두었다. 묘소는 실전되어 성주군 대가면 도남리 뒷개 마을 등암영각藤庵影閣 옆에 보사단비報祀壇碑가 세워져 있다. 향사일은 양력 10월 9일이다.

성균진사 성산배공 보사단비

배현의 손자 배치裵絺(11세)는 세종 때 무과에 급제한 뒤에 함안군수·울산부사·경상좌도수군첨절제사 등을 역임하였다. 그는 세 고을의 수령을 지내면서 공평한 행정과 검소함으로 풍속을 교화시켰다. 일찍이 "백성에게 손해를 끼치기보다는 차라리 나에게 아무것도 바라지 않는 것이 낫다."라고 하며, 추위에 떠는 사람에게 옷을 주고 굶주린 사람에게 음식을 주었다. 이에 군민들은 "우리 성주께서 오신 뒤로 개는 밤에 짖지 않고, 백성은 아전을 보지 못했다."라고 칭송하며 청덕거사비淸德去思碑를 세웠다.

배치는 평소 검소하여 가볍고 따뜻한 옷을 입지 않았으며, 집안에 아무것도 없어도 너무나도 즐거워했다. 그래서 세상에서는 그를 '청백리'라고 불렀다. 묘소는 성주군 금수면 주현酒峴에 있다. 슬하에 배윤후裵允厚·배윤첨裵允瞻·배윤신裵允信 삼 형제를 두었는데, 장남 배윤후는 세조 때 무과에 급제한 뒤에 훈련원주부·오포만호 등을 역임하였다.

배치의 현손이자 배상룡의 증조부인 배주裵綢(15세, 1483~1557)는 자가 언화彦華이다. 배주는 성품이 자상하고 공손하며 겸손하였다. 일찍 학업을 성취하였고 부모를 섬기는 데에 극진하여 효성이 하늘로부터 타고났다. 부모가 세상을 떠났을 때 곡읍哭泣하는 절차와 초종初終의 예를 한결같이 『주자가례朱子家禮』에 따라 행했고, 삼 년간 여묘살이를 하면서 몹시 야윌 만큼 슬퍼하였다.

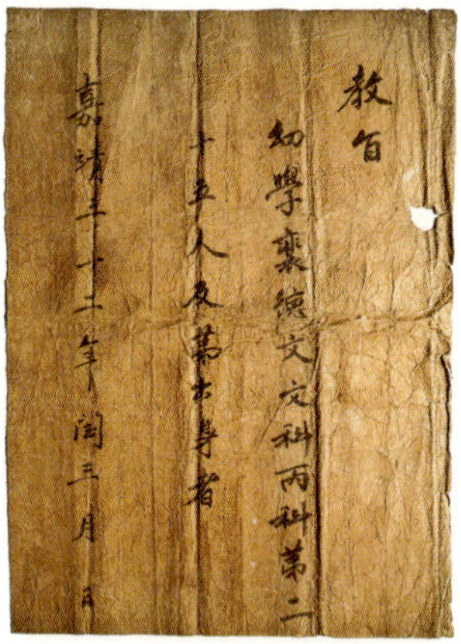
教旨
幼學裵德文文科丙科第二十五人及第出身者
嘉靖三十二年閏三月 日

1553년 별시 문과 병과 25위로 급제한 배덕문의 홍패

이 일이 조정에 알려져 1524년(중종 19) 경릉참봉敬陵參奉에 제수되었다. 그는 학덕이 있었으나 벼슬을 구하지 않아 처사處士의 풍모가 있었다. 일을 처리할 때는 반드시 충신忠信으로 하였고, 자식을 가르칠 때는 반드시 효제孝悌로 하였다. 세상에 이름이 알려지는 것을 원하지 않았고 산림에 은거하여 수양하였다. 선조를 사

모하는 정성과 후세를 열어 준 공은 세상에서 추앙받았다. 슬하에 외아들 배덕문을 두었다. 특히, 아들 배덕문裵德文(16세, 1525-1603)을 칠봉七峯 김희삼金希參(1507-1560)의 문하에 보내어 공부시켜 큰 성취를 이루었으니, 바로 배덕문이 1553년(명종 8)에 별시 문과에 급제했던 것이다.

『성주배씨 진사공 휘 현 파보』
(등암종가 배윤호 제공)

대한민국의 배씨는 신라 6부촌 중 금산가리촌의 촌장 배지타가 시조이고, 고려개국원훈인 배현경이 배씨의 중시조가 된다. 성산배씨는 배위준을 기세조로 모시고 있고, 또 여말 선초에 이르러 9세인 배현이 성산배씨 진사공파 파조가 되었다. 성산배씨 진사공파는 대대로 성주 광대원촌廣大院村에서 살다가, 조선 중기 배주 대에 이르러 지금의 성주군 대가면 도남리 뒷개 마을로 이주함으로써 등암종가藤庵宗家의 터전을 마련하여 지금까지 세계世系를 이어 오고 있다. 배주는 아들 배덕문을 학문에 정진케 하여 별시 문과에 급제시킴으로써 뒷개 마을 성산배씨가 영남에서 명문거족으로 발돋움할 수 있도록 바탕을 마련했다고 할 수 있다. 배덕문은 여러 고을의 군수를 역임한 뒤에 뒷개 마을로 낙향하여 제자를 길렀다. 성주향교 교수 시절 임진왜란이 일어나 왜군이 성주를 함락하자 의병을 일으켜 성주 제독으로서 왜군을 물리쳤다.

성산배씨 등암종가 세계도

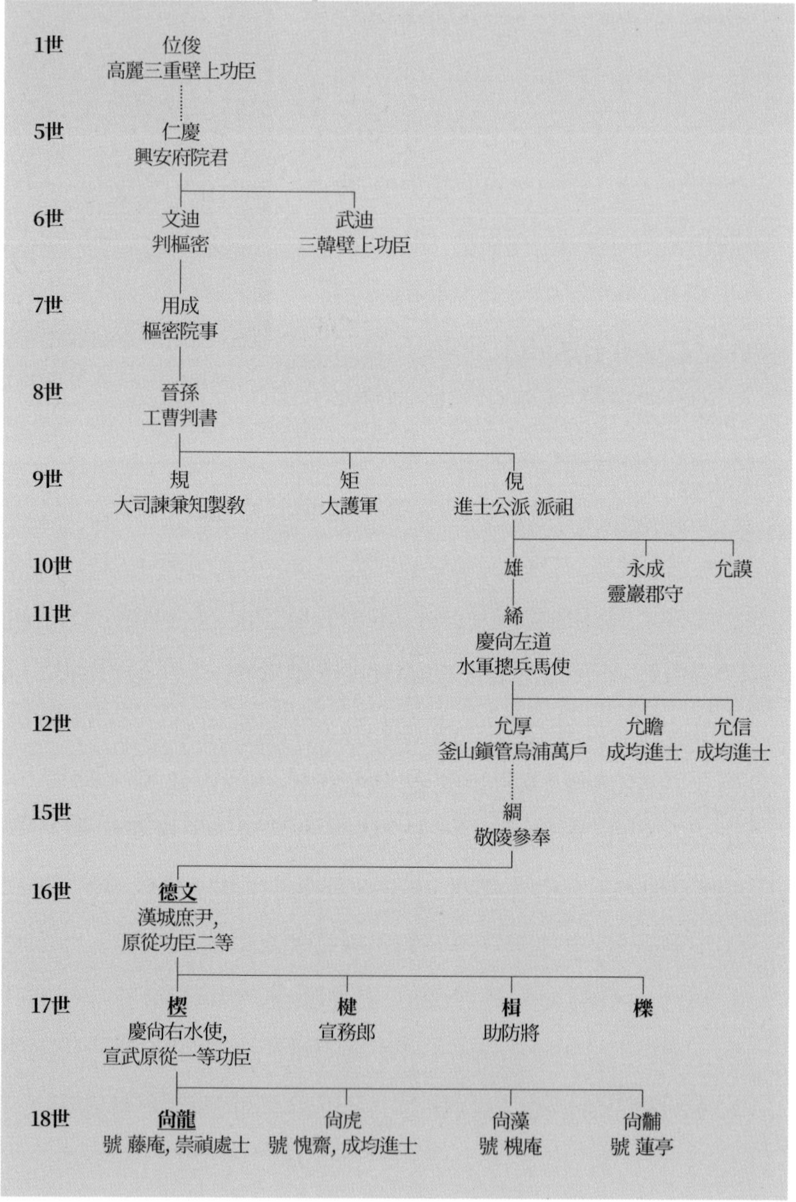

3 등암종가의 형성과 전개

1) 등암가 3대의 창의

(1) 전란의 한복판에 놓인 성주

1598년(선조 31) 8월 도요토미 히데요시가 죽음으로써 1592년(선조 25)부터 7년 동안 한반도를 고통과 혼란의 소용돌이로 몰아넣은 임진왜란壬辰倭亂이 막을 내렸다. 그러나 전쟁의 결과는 조선에 있어 매우 참혹하였다. 기근·전염병·포로 문제 등으로 인구가 급격히 감소하고 국토 대부분이 황폐해졌다. 토지 대장이나 호적이 불타면서 세금을 부과할 근거가 없어져 국가 재정이 궁핍해졌다. 서책·도자기·불상·활자 등 각종 문화재도 헤아릴 수 없을 정도로 많은 약탈을 당했다.

16세기 말 일본의 도요토미 히데요시는 전국 시대의 혼란을 수습하고 일본을 통일한 이후, 지방 영주와 신흥 세력들의 불만을 잠재우고자 대륙 침략을 도모하였다. 마침내 일본은 대륙 침략을 결정하고, 정명가도征明假道, 즉 '명나라 정벌을 위해 길을 빌려 달라'는 구실로 조선을 침략하였다. 풍부한 실전 경험에다 신무기인 조총까지 보유한 왜군은 압도적인 위력으로 순식간에 한양을 점령하였다. 다급해진 조선의 조정은 평양을 거쳐 의주로 피란하여 명나라에 원군을 요청하기에 이르렀다.

1592년 4월 13일, 부산에 상륙한 왜군은 거칠 것이 없었다. 고니시 유키나가[小西行長] 휘하의 선발대는 동래성을 함락한 뒤 기장·양산·밀양·대구 방향으로 진격하여 4월 21일 대구성大邱城을 점령한 뒤에 인동·선산을 돌파하고 상주를 거쳐 조령 방면으로 진격하였다. 가토 기요마사[加藤清正]가 이끄는 2번대는 언양·경주를 거쳐 영천·신녕·군위·용궁을 거쳐 조령에서 선발대와 합류하여 충주로 진격하였다. 구로다 나가마사[黑田長政]가 이끄는 3번대는 김해·창녕·현풍·성주·김천을 거쳐 영동·회덕·청주를 따라 한양으로 돌진하였다.

성주는 왜군의 북상로 요충지에 해당하기 때문에 대규모 왜군이 속속 성주를 거쳐 북상하였다. 1592년 4월 27일 무렵 성주는 본격적으로 전쟁의 화염에 휩싸이게 되었다. 경상도관찰사 겸 도순찰사 김수金睟의 장계에 따르면, 4월 27일에 왜군이 성주성을 포위했으며, 왜군들이 떼를 지어 횡행하는데 조령으로 간

왜군보다 더욱 심하다고 보고하였다. 임진왜란 시기에 성주에서는 왜군의 침입으로 인해 수많은 사람이 목숨을 잃었을 뿐만 아니라 많은 건물이 불에 타 사라졌다. 대표적으로 사대사고四大史庫의 하나인 성주사고星州史庫가 소실되고, 진주의 촉석루矗石樓, 밀양의 영남루嶺南樓와 그 아름다움을 다투었다는 임풍루臨風樓가 소실되었으며 성주읍성이 왜군에게 함락되는 등 큰 피해를 입었다.

(2) 영남의 충의가 끊기지 않다

등암藤庵 배상룡裵尙龍의 7대조 배치裵絺는 세종 때, 6대조 배윤후裵允厚는 세조 때 무과에 급제한 무관이었다. 조부 서암書巖 배덕문裵德文은 1553년(명종 8)에 별시 문과에 급제하여 군수를 지냈으며, 아버지 서강西岡 배설裵楔(1551~1599) 장군은 후일 별시 무과에 급제하여 수사水使에 오른 무관이었다. 따라서 등암가는 대대로 무관과 문관을 배출한 관인의 집안이라 할 수 있다.

1592년 임진왜란이 일어나자, 당시 성주향교 교수인 배덕문은 68세의 노구로 가족들과 함께 의병을 일으켜 왜군의 선봉을 막아섰다. 경상우도초유사 학봉鶴峯 김성일金誠一(1538~1593)은 배덕문이 의롭다 하여 제독提督이라고 써서 임무를 주었을 뿐만 아니라 송암松菴 김면金沔(1541~1593)은 학봉 김성일에게 편지를 보내어 "배 제독은 쉽게 얻지 못할 인재이니 보통의 여러 장수로 보아서는 안 됩니다."라고 하였다.

당시 성주에 찬희贊熙라는 중이 있었다. 그는 성주 적산사赤山寺의 중으로 왜군의 앞잡이가 되어 관군의 허실과 산천의 험난하고 평탄한 지세를 왜군에게 밀고하였다. 그 결과 고니시 유키나가가 대군을 이끌고 영남의 여러 진鎭을 공격하여 와해시키면서 성주로 들이닥치자 관군들은 도망쳐 흩어지고 목사와 판관은 성을 버리고 달아났다. 이에 배덕문은 분개하여 눈물을 흘리며 대중에게 맹세하기를 "성주는 경상우도를 막아 주는 방패인데, 적의 소굴이 되었으니, 영남을 지킬 수 없을 뿐만 아니라 종묘사직을 보호하기 어렵다. 내 마땅히 국가를 위해 죽을 것이다. 누가 나와 함께 하겠는가!"라고 하고, 이어서 "어가御駕가 몽진蒙塵을 하고 종묘사직이 비었으니, 찬희는 나의 원수이다. 내가 이 중놈을 죽이지 않으면 국가도 어찌해 볼 수 없게 된다. 누가 나를 따르겠는가!"라고 하였다. 이에 분노하여 앞다투어 그를 따르기를 원하는 자가 천여 명이 넘었다. 배덕문은 이들과 함께 손자 배상룡을 데리고 적산赤山의 길목에 복병을 배치하여 반승 찬희를 습격하여 쳐 죽이고 왜군 몇백 명의 수급首級을 획득하여 왼쪽 귀를 잘라 내어 초유사의 진중으로 보냈다. 초유사가 이 소식을 듣고 장하게 여기며, 조정에 장계狀啓를 올려 그를 크게 등용하려고 했으나 배덕문이 나이가 많다고 하며 고사하여 단지 반승 찬희를 베어 죽인 공적만 보고하였다. 선조는 크게 칭찬하며 영남의 신민臣民들에게 "배덕문이 적승賊僧 찬희를 죽였다고 하니, 나는 영남의 충의가 지금도 끊기지 않았음을 믿겠노라."라고 유시諭示하였다.

부상 전투에서 노획한 흑전구의 대검 두 자루(진품과 복제품)

1593년(선조 26) 7월 7일에 성주와 개녕開寧(지금의 김천)에 주둔하던 왜군들이 성주로 진격하여 약탈하려고 하였다. 배덕문은 첩보를 통해 이를 알고 장남인 가장假將 배설 장군에게 "부상扶桑의 길은 매우 좁아서 기병이 대열을 맞출 수 없다. 너는 반드시 병사를 이끌고 가서 깊은 골짝에 매복하여라."라고 지시하였다. 이윽고 배덕문은 정예병을 이끌고 적장 흑전구黑甸句를 공격하다가 패하는 척하며 달아나자 흑전구는 수십 리를 추격해 왔다. 이때 배덕문이 도리어 깃발을 들고 북을 둥둥 울리자 매복하고 있던 배설 장군의 군대가 일제히 일어나 크게 함성을 지르며 공격하였다. 왜군은 당황하며 등을 돌리고 허둥지둥 달아났다. 배설 장군의 군대가 활을 쏘며 추격하자 십 리 들판에 쓰러진 시체가 서로 포개질 정도였다. 마침내 흑전구의 목을 베고 대검 두 자루와 금부채 하나를 노획하였다. 이때 노획한 대검 두 자루가 지금까지 종가에 전해지고 있다. 종가 어른에 따르면, "일제강점기 때 일제가 이 칼을 찾기 위해 혈안이 되어 현상금도 걸고 순사가 수시로 종택에 와서 뒤졌습니다. 그래서 종가에서 이 칼을 우물이나 마구간, 퇴비장 등에 숨겼습니다."라고 하였다.

왜장 흑전구가 화살에 맞아 말에서 떨어질 때 금박을 뿌린 종이로 만든 부채가 떨어지는 것을 보고 주워 살펴보니 절구 한 수가 적혀 있었다.

꿈속에서 분명히 고향으로 돌아가니	夢裏分明歸故鄕
부모님이 나를 맞아 부상 소식 물으셨네	雙親迎我問扶桑
가련하다, 칠월의 초사흘 밤에	可憐七月初三夜
댓잎 이슬 진주 같고 달은 칼날 같네	竹露眞珠月似芒

위의 시와 관련된 내용은 배덕문의 『서암선생실기書巖先生實記』 「정본관향장呈本官鄕狀」·「정순영도장呈巡營道狀」·「정예조도장呈禮曹道狀」, 배상룡의 『등암선생문집藤庵先生文集』 「처사등암배공행록處士藤庵裵公行錄」 등에 실려 있다. 이는 죽은 왜장 흑전구가 자기 죽음을 암시한 시를 적은 부채를 들고 다녔다는 소설 같은 이야기로, 이 시는 출처가 있다. 이세동 교수의 「등암藤庵 배상룡裵尙龍의 생삼사일生三事一의 삶」이라는 논문에 따르면, 정유재란 때 왜군의 포로가 되어 3년 동안 일본에 억류되었다가 귀국한 정희득鄭希得(1575~1640)의 『해상록海上錄』에 앞의 두 구절이 거의 같은 시가 실려 있다. 전편을 소개하면 다음과 같다.

꿈속에서 분명히 고향으로 돌아가니	夢裏分明歸故鄕
양친은 나에게 부상(일본) 소식 물으셨네	二親向我問扶桑
화선루 위에서 잠을 깨어 통곡하고	花鮮樓上一聲慟
베갯머리 쓰다듬으며 당나라인가 의심하네	撫枕猶疑在大唐

이 시의 제목이 「대당동자피로시작大唐童子被擄時作」인 것을 보면 정희득이 지은 것이 아니다. 고려 말에 정몽주鄭夢周(1337~1392)가 일본에 사신으로 갔을 때 일본인들과 주고받은 시들 아래에 이 시를 실어 둔 것을 보면 정희득이 일본에서 발견한 시일 것이다. 제목으로 보아 당나라의 동자가 일본에 포로로 잡혀 갔을 때 지은 시인데, 꿈속에 고향으로 돌아가 부모님을 뵙고 꿈에서 깨어서는 통곡하며 꿈인지 생시인지 의심하는 내용이다.

의병장 배덕문과 배설 장군이 달아나는 왜군을 추격하여 백여 명의 목을 베자 왜군은 기세가 크게 누그러져 달아나 숨었다. 왜군들이 개산진開山鎭으로 점차 모여들어 위세를 다시 떨치기 시작하면서 강을 건너 성주를 포위하려고 하였다. 배덕문이 거짓으로 군기와 북을 버리고 몰래 숲속 깊이 숨자 왜군은 그가 겁을 먹고 달아나 숨었다고 여기고 무질서하게 강을 건넜다. 배덕문은 왜군이 강을 반 정도 건널 때를 기다렸다가 일제히 공격했는데, 이때 물에 빠져 죽은 왜군이 겹쳐 쌓일 정도였다. 왜장 평의지平義智 등이 크게 두려워하며 강을 따라 올라갔다가, 밤을 틈타 무계진茂溪津을 건너 배덕문 부대의 후미를 습격하려고 하였다. 배덕문이 이를 알고 대중에게 "적은 반드시 우리를 습격할 것이니 방비를

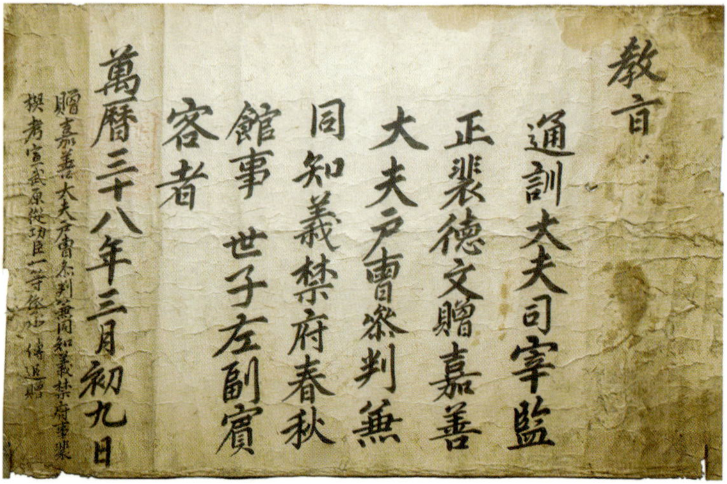

教旨
通訓大夫司宰監
正裵德文贈嘉善
大夫戶曹參判兼
同知義禁府春秋
館事 世子左副賓
客者
萬曆三十八年三月初九日

1610년 배덕문의 추증교지

해야 합니다."라고 한 뒤에 정예병을 선발하여 급히 무계로 가자 과연 왜군이 그곳에 도착하였다. 이때를 놓치지 않고 밤이 깊어지기 전에 왜군을 급습하여 백여 명의 목을 베었다. 왜군은 마침내 달아나 다시는 성주를 공격하지 못하였다.

망우당忘憂堂 곽재우郭再祐(1552-1617)는 간송澗松 조임도趙任道(1585-1664)에게 "성주가 다행히 왜군의 소굴에서 벗어날 수 있었던 것은 배 제독의 힘이다."라고 하였고, 제봉霽峯 고경명高敬命(1533-1592)은 "배 제독은 학문이 뛰어날 뿐만 아니라 충절이 탁월하다. 다만 나이가 많은 게 안타까울 뿐이다."라고 하였다. 1597년(선조 30) 정유재란丁酉再亂 때 고니시 유키나가가 왜군들에게 "현풍玄風의 곽 아무개, 성주의 배 아무개의 예봉은 감당할 수 없으

숭조대 경내의 배덕문 신도비

니 너희들은 조심하여 피하라."라고 경계시켰다고 한다. 그 이후 왜군은 과연 현풍과 성주 두 고을을 공격하지 않았다.

배덕문은 자가 숙회叔晦, 호가 서암書巖이다. 1603년(선조 36) 12월 17일에 세상을 떠나니 향년 79세였다. 성주 서쪽 송라동松羅洞의 언덕에 장사 지냈다. 8년 뒤인 1610년(광해군 2) 원종공신이등原從功臣二等에 추록되고 호조참판으로 추증되었다. 1873년(고종 10)에 많은 유생이 소를 올려 간청하여 이조판서와 홍문관·예문관의 대제학에 추증되었다. 묘소는 조부인 참봉공 배주의 묘 아래에 있다. 슬하에 배설裵楔·배건裵楗·배즙裵楫·배력裵櫟 네 명의 아들을 두었다.

(3) 오얏나무에 배꽃이 걸리다

배설 장군은 열 살 때쯤 아버지 배덕문의 부임지인 울산군에 있었다. 이때 병마절도사 장필무張弼武(1510–1574)는 어린 배설이 관아의 돼지를 발로 차서 돼지가 일어나지 못했다는 말을 전해 듣고 그가 장수의 재능이 있음을 직감하였다. 그러고는 배설에게 활을 주면서 무예를 익혀 무과에 응시할 것을 권하였다. 그 이후 그는 32세이던 1583년(선조 16) 별시 무과에 급제하였다. 임진왜란이 일어나자 경상우도방어사 조경趙儆(1541–1609)의 휘하에서 황간·추풍 등지의 전투에 참여했으나 조경의 군대가 패하자 향병鄕兵을 규합하여 왜군에 대항하였다. 이후 경상도관찰사 김수가 배설 장군을 성주가장으로 임명하여 왜군을 막도록 하였다. 이때 의병장인 아버지 배덕문을 도와 부상진 전투에서 왜장 흑전구의 목을 베었고, 또 개산으로 진격하여 평의지를 격파하여 참살하고 많은 왜군을 포획하는 등 전과를 올렸다. 승세를 몰아 무계에 이르러 왜군을 크게 이겨서 그의 전공戰功이 조정에 보고되었다. 이에 행재소에서 배설 장군을 합천군수로 임명하였다. 이후 부산첨사가 되어 왜군의 국경 왕래를 차단하였고, 1594년(선조 27) 봄에 동래부사가 되어서는 수비를 더욱 튼튼히 하였다. 그해 가을

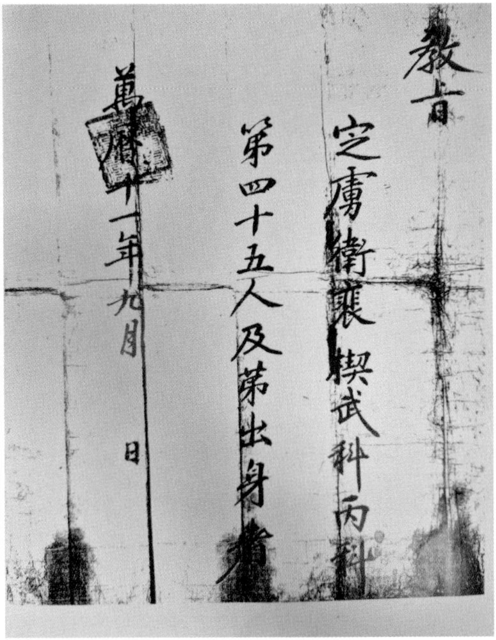

教旨
定虜衛裵楔武科丙科
第四十五人及第出身者
萬曆十一年九月 日

1583년 별시 무과 병과 45위로 급제한 배설 장군 홍패(등암종가 배윤호 제공)

그가 진주목사에 임명되자 진주의 많은 백성이 안도하였다.

이때 경상우수사 원균元均(1540–1597)과 삼도수군통제사 이순신李舜臣(1545–1598)이 서로 불화가 있어 조정에서는 매우 우려하고 있었다. 이에 선조는 대신들에게 부하 중에 발탁할 만한 사람이 있냐고 묻자, 서애西厓 류성룡柳成龍(1542–1607)이 "곽재우가 쓸 만한 사람이고, 배설도 우도병사右道兵使로 삼을 만합니다."라고 하였다. 1594년 12월 1일 우의정 김응남金應南(1546–1598)이 이순신과 원균이 화목하지 못해 형세상 서로 용납하기 어렵다고 하면서 원균을 충청도병사 선거이宣居怡(1550–1598)와 서로 바꿀 것을 권하였다. 선조가 비변사에서 추천한 사람이 누구냐고 묻자 김응남이 곽재우·이광악李光岳·배설이라고 하였다. 이렇듯 조정에서는 통제사 이순신과 반목이 깊은 원균을 체직하고 그 후임으로 여러 사람을 심사숙고하고 있었는데, 그중에 한 사람이 배설 장군이었다. 결국 1595년(선조 28) 1월에 배설 장군은 경상우수사에 임명되었다. 그런데 진주목사 배설 장군이 경상우수사로 부임하려고 하자 진주의 백성들이 길을 막고 더 머물러 주기를 원하며 성을 나가지 못하게 하였다. 이렇듯 류성룡과 같은 인물이 배설 장군을 경상우수사로 적극 추천했을 뿐만 아니라 비변사에서도 큰 진을 맡길 만한 인물로 추천하였다. 심지어 진주 백성들은 경상우수사로 떠나는 배설 장군을 막을 정도로 배설 장군은 당시 조야가 모두 칭송하던 인물이었다.

경상우수사로 부임한 배설 장군은 창고를 열어 병졸을 먹이고 병장기를 수리하여 군의 기강을 일신하여 급속히 군의 사기를 북돋아 주었다. 그러나 당시 군의 폐해를 조목조목 임금에게 아뢰었다가 밀양부사로 좌천되었으며, 얼마 뒤에 선산부사로 자리를 옮겼다. 1596년 선산부사로 부임한 후 금오산성 별장을 겸하여 금오산성金烏山城을 개축하고 우물 아홉 개와 연못 일곱 개를 팠을 뿐만 아니라 혜창惠倉을 설치하였다. 현재 금오산 폭포수 위 도선굴로 오르는 오른쪽 길옆 바위에 '선조 선산부사 배설 천금오산성구정칠택宣祖善山府使裵楔穿金烏山城九井七澤'이라는 각자가 있다. 1991년 구미시장 양종석은 배설 장군의 12대손 배기훈裵基薰의 후원을 받아 배설 장군의 위업을 기리기 위해 금오산 주등산로 입구에 '금오산성사적비'를 건립하였다. 이 비에는 배설 장군을 비롯해 금오산성을 쌓는 데 공을 세운 사람들의 이력과 산성의 내력 등이 기록되어 있다.

한편, 명나라와의 화의 협상으로 인해 주춤하던 왜군은 화의가 결렬되자, 1597년(선조 30) 1월에 전열을 재정비하여 선단 600여 척과 14만여 명의 병력을 이끌고 다시 부산포를 침범하면서 정유재란丁酉再亂이 시작되었다. 왜군의 이중첩자 요시라要時羅가 경상도우병사 김응서金應瑞에게 가토 기요마사가 다시 온다는 허위정보를 흘렸고, 김응서는 이를 조정에 보고하였다. 조정은 이 말을 믿어 통제사 이순신에게 출정을 명했으나 허위정보임을 간파한 이순신은 출정하지 않았다. 이 일로 이순신은 파직·압송되고 원균이 통제사로 부임하였다. 요시라는 다시 김응남을 부추겨 왜선의 거짓 진로를 흘렸고, 김응남의 보고를 믿은 도원수 권율權慄(1537-1599)은 한산도의 수군 본영에 있던 원균에게 출정을 독촉하였다. 마침내 원균은 부산의 적 본진을 급습하려고 삼도수군의 160여 척을 이끌고 한산도閑山島를 출발하였다. 한산도에서 견내량見乃梁을 지나 칠천도漆川島·영등포永登浦·가덕도加德島를 거쳐 다대포多大浦 앞바다에 이르렀다. 이때 선봉장인 배설 장군은 왜선 8척이 다대포 앞바다에 있는 것을 발견하고 공격하여 왜선 8척을 모두 소각시키고 많은 군량미까지 노획하였다. 그러나 음력 7월 14일 조선 수군은 절영도絶影島(현재의 부산광역시 영도구)에 이르러 풍랑을 만난 데다가 적들의 교란 작전에 말려들어 고전하였다. 원균은 간신히 부대를 수습하여 가덕도에 당도했다가 다시 왜군의 복병을 만나 장수와 군사 400명을 잃는 막대한 손실을 보고 거제도 앞 칠천량에 정박하였다. 이 전투에 앞서 작전 회의에서 배설 장군은 원균에게 칠천량에서의 전투는 불리하다고 하며 "칠천도는 수심이 얕고 폭이 좁아서 배를 운항하기 불리하니, 마땅히 다른 고을의 진으로 옮겨야 합니다."라고 간하였다. 그러나 권율의 재촉을 받은 원균은 전혀 듣지 않았다.

왜군은 음력 7월 15일 달밤을 이용해 일제히 수륙양면 기습 작전을 개시하였다. 이에 당황한 원균과 여러 장수는 맞서 싸웠으나 적을 당해낼 수 없어 전선 대부분이 불타고 부서졌다. 이 칠천량 해전에서 전라우수사 이억기李億祺와 충청수사 최호崔湖 등 수군 장수들이 전사하였고, 수군통제사 원균도 선전관 김식金軾과 함께 육지로 탈출했으나 왜군의 추격을 받아 전사하였다. 경상우수사 배설 장군만이 현지의 지형지물에 밝아 12척의 전선을 이끌고 남해 쪽으로 후퇴하는 데 성공하였다. 이 배 12척과 잔류 군사가 이순신 장군의 명량해전鳴梁海戰 승리의 초석이 되었다. 원균과 함께 탈출했던 선전관 김식은 이때의 상황에 대해 다음과 같이 보고하였다.

> 경상우수사 배설과 옥포玉浦·안골安骨의 만호萬戶 등은 간신히 목숨만

보전하였고, 많은 배는 불에 타서 불꽃이 하늘을 덮었으며, 왜선들이 한산도로 향했습니다.

– 『선조실록宣祖實錄』 권卷90, 선조 30년(1597) 7월 22일 신해 2번째 기사

김식의 보고에 의하면, 배설 장군은 도망간 것이 아니라 싸우다가 겨우 목숨만 보전한 것이었다.

칠천량 전투에서 조방장 김완金浣은 포로가 되어 일본으로 끌려갔다가, 이듬해인 1598년(선조 31) 4월 20일에 탈출하여 부산 동래에 도착하였다. 그는 자신의 피로被虜 일기인 『용사일록龍蛇日錄』에서 그때의 전황을 다음과 같이 말하였다.

… 돌아보니 적선 2척이 이미 백 보 사이로 가깝게 다가오고 있었다. 이에 배설 등과 함께 적선과 충돌하려 했으나, 좌우의 군대들이 돕지 않았다. … 위급한 상황에서 높은 소리로 급히 "주장主將! 주장! 어찌 구출하지 않는 것이오!"라고 하고 불렀으나 주장 원균은 술에 취해 높이 누워 군관 김대복金大福에게 호령하여 편전片箭 10여 개를 쏘게 할 뿐이었다. 수사 배설이 수질水疾로 지쳐 선방船房으로 들어가 누웠다. 인사불성이라 한결같이 군관의 지휘를 따랐는데, 군관과 사부 등은 나란히 서서 관망만 하고 있었다.

– 김완金浣, 『용사일록龍蛇日錄』

『용사일록』에서는, 배설 장군이 조방장 김완과 함께 적선을 치고 들어가 싸웠으나, 배설 장군은 뱃멀미가 심하여 제대로 싸울 수가 없었다고 기록하고 있다. 그의 뱃멀미 증상은 『조선왕조실록』에도 언급될 정도로 이미 조야朝野가 다 알고 있었던 사실이

다. 『선조실록』 선조 28년(1595) 2월 6일 첫 번째 기사를 보면, 정숙하鄭淑夏가 "배설은 수질이 있어서 주사舟師의 임무에 합당하지 못하다고 합니다."라고 하자, 선조가 "배설이 용맹이 있는 장수라고 하나 수질이 있으면 주사에 쓸 수 없을 것이다."라고 한 내용이 있다.

『용사일록』이나 『선조실록』의 기사를 통해 볼 때 배설 장군이 칠천량 전투에서 신체적 제약 속에서도 이를 잘 극복하면서 최선을 다해 전투에 임한 사실이 보인다. 배설 장군은 모두 달아나기 바쁜 순간에도 오직 조방장 김완과 함께 적들을 치고 들어갔다. 뱃멀미로 몸을 제대로 가눌 수 없었던 배설 장군은 중과부적의 전황에서도 12척의 배를 이끌고 한산도로 퇴각하여 백성들을 안전하게 피난시킨 것이다. 이 12척의 배가 이순신 장군의 명량해전 승리의 기폭제가 되었음은 잘 알려진 역사적 사실이다.

배설 장군은 간신히 위기에서 벗어나 한산도로 돌아와 한산도 본영을 공격하려는 왜군에 대비하여 신속히 청야 작전淸野作戰을 지휘하였다. 당시 청야 작전은 선조가 왜군의 재침략에 대비하여 군사 지휘관에게 내린 군수 물자에 대한 일종의 소각 명령이었다. 그는 군사시설 및 양곡·군기와 군용 자재를 불태우고 성안에 남아 있는 백성들을 안전한 곳으로 피난시켰다. 이는 군수물자 전체가 왜군들의 손에 들어가는 것을 막고 백성들을 안전한 곳으로 대피시킨 성공적인 작전이었다.

조정에서는 칠천량 패전에 대한 대책을 놓고 선조가 비변사 당상들과 논의하였다. 1597년 도체찰사都體察使 이원익李元翼(1547~1634)의 치계馳啓에 따르면, 이원익은 이때 "많은 장수에 대해 모두 군법을 시행할 수 없다 해도 원균은 주장主將이었으니 군사를 상실한 군율로 처단해야 합니다. 경상우수사 배설과 조방장 배흥립裵興立 두 장수는 여러 장수의 우두머리였으니 배흥립에게는 우선 군령을 시행하고, 배설은 지금 병선을 이끌고 바다에 있으므로 이 사람까지 제거하면 해로海路가 모두 비게 될 것이니 우선 뒷날을 기다려 논의하여 처치해야 합니다."라고 하였다. 이에 대해 비변사에서도 "배설은 지금 주사舟師를 영솔하고 바다 가운데에 있으니 잠시 후일을 기다려서 의논하여 처리하는 것도 안 될 것이 없습니다."라고 하며, 이원익의 의견에 동조하였다. 그러나 몇 달 뒤인 1597년 10월 11일 비변사에서는 기존의 견해를 뒤바꾸어 배설 장군의 처벌을 강력하게 요구하였고, 이에 선조는 비변사의 주장을 허락하였다.

1597년 11월 3일 배설 장군을 처단하는 일로 선전관 이길원李吉元이 통제영에 도착했으나 이때 배설 장군은 병세가 매우 심해 조리하기 위해 병가를 얻어 성주의 본가에 있었다. 이듬해인 1598년(선조 31) 1월 21일에 사간원에서 배설 장군을 포함해 도망간 수령들을 체포할 것을 청하였다. 같은 해 12월 23일 병조판서 홍여순洪汝諄은 선조에게 배설 장군을 잡아들이도록 부추겼다. 『선조실록』은 당시의 상황을 상세하게 기록하고 있다.

해상의 왜적은 이미 물러갔으나 명나라 군사가 철수하여 돌아간 뒤에 국내의 변란이 일어날까 극히 우려되니, 미연에 환란을 방지하지 않을 수 없습니다. 소문에 의하면 '배설이 지난가을에 나주羅州에서 도망쳐서 지금은 충청도에 와 있는데, 현몽玄夢과 합세하여 무뢰배들을 많이 모으고 있다. 그의 행적이 이미 드러났지만, 사람들이 화를 당할까 두려워하여 감히 지적하여 말하지 못하고 있다.'고 합니다. 떠도는 말이라 믿을 것은 못 되지만 뜻밖의 사변이 발생할지도 모르는 일이니 본도의 감사와 병사에게 은밀히 명령하여 비밀리에 추격해 기필코 체포하도록 하고, 다른 도에도 아울러 명령하여 특별히 기미를 살피게 함으로써 그들이 용납될 것이 없게 하소서.

–『선조실록宣祖實錄』 권107, 선조 31년(1598) 12월 23일 갑술 3번째 기사

병조판서 홍여순은 서애 류성룡 등 배설 장군에 대해 우호적이었던 남인들을 몰아내고 정권을 잡은 북인의 영수였다. 홍여순은 왜적이 이미 물러갔으나, 명나라 군사가 철수한 뒤에 국내의 변란을 우려하며 미연에 환란을 방지해야 한다고 배설 장군의 체포를 상소하였다. 그는 배설 장군을 역모와 관련시키며 잡아들이도록 선조를 부추겼다. 홍여순 본인 역시 배설 장군과 관련된 이야기는 시중에 떠도는 믿지 못할 말이라고 하면서도 배설 장군을 넌지시 역모와 엮어 처벌하도록 선조를 부추긴 것이다. 결국 병가를 얻어 고향을 찾았던 배설 장군은 이규문李奎文의 밀고로 선산에서 붙잡혀 이듬해인 1599년(선조 32) 3월 6일에 복주伏誅되었다. 이처럼 배설 장군은 홍여순의 계략에 의한 당쟁의 희생물이 되어 억울하게 세상을 하직한 것이다. 다행히 배설 장군의 억울함은 선조 당대인 1605년(선조 38)에 선무원종일등공신宣武原

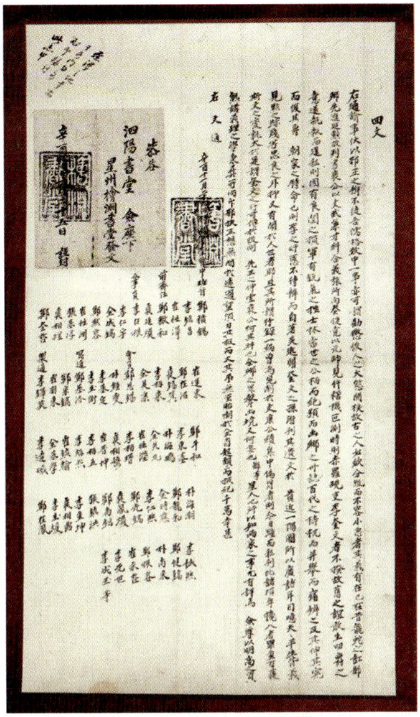

泗陽書堂 僉座下

星州檜淵書堂發文

1861년 성주의 회연서당에서 칠곡의 사양서당에 보낸 회문(등암종가 배윤호 제공)

從一等功臣에 책록되어 그 명예가 다소나마 회복되었다.

1861년(철종 12) 11월 24일에 성주 회연서당檜淵書堂에서 칠곡의 사양서당泗陽書堂에 보낸 회문回文에는, "이규문은 친구의 우정을 헤아리지 않고 벼슬을 탐하고자 하는 마음을 내어 마침내 배설을 잡았다고 보고하여 자신의 사욕을 채우려는 마음을 드러내었다."라고 하며, 이규문의 행위를 비판하였다. 심지어 이규문의 후손들이 이규문의 유문을 간행하려고 하자 "평생 의를 배신하여 유적儒籍에서 삭출당한 그의 행적을 세상에 전할 만한가?"라

『성산지』(등암종가 배윤호 제공)

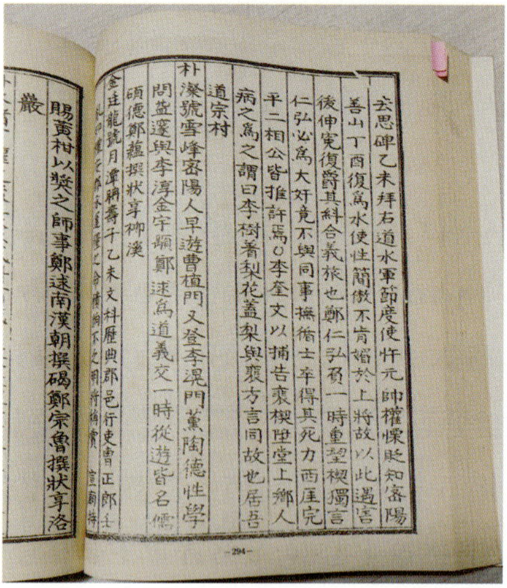

『성산지』 내 이규문 관련 내용(등암종가 배윤호 제공)

고 하며, 이규문의 유문을 새긴 책판을 칼로 파내어 불에 태우라고 사양서당에 간청하였다. 이 회문에는 정귀석鄭櫃錫 외 57명이 연명으로 서명하였다. 이를 통해 이규문에 대한 성주 사림들의 미움이 어떠했는가를 알 수 있다.

1937년에 간행된 성주의 지방지인 『성산지星山誌』에는 배설 장군의 복주에 대한 내용을 싣지 않았을 뿐만 아니라 그를 잡았다고 보고한 이규문에 대한 미움을 나타내며, "이규문이 배설을 잡았다고 보고하여 당상관이 되자 고을 사람들이 나무라며 '오얏나무에 배꽃이 걸렸다.[李樹着梨花]'라고 했으니, 대개 배[梨]와 배(裵)가 훈과 음으로 같기 때문이었다."라고 기록하였다.

한편, 배설 장군의 증손 겸옹謙翁 배석휘裵碩徽(1653~1729)가 지은 『가범家範』에는, 배설 장군이 무인으로 관직에 나아갔지만, 어렸을 때부터 가정의 훈계를 잘 받아 문필에도 상당한 업적을 남겼다고 기록하고 있다. 그의 필획筆劃과 시구詩句가 다행히 세상에 전하는데, 그의 필획이 매우 뛰어나 세상의 볼거리가 되었다고 하였다. "석양 무렵 대문 밖의 길은 동서로 나뉘었네.[夕陽之門路東西]"와 혼인함婚姻函에 적힌 "양가의 좋은 인연은 만복의 근원이다.[兩家之好 萬福之源]"라는 글귀가 그것이다. 또한 『가범』에 배설 장군이 지은 시조 2수가 전해지고 있다.

청산靑山아 됴히 잇던다 녹수綠水ㅣ 다 반갑다
무정無情한 산수山水도 이드지 반갑거든

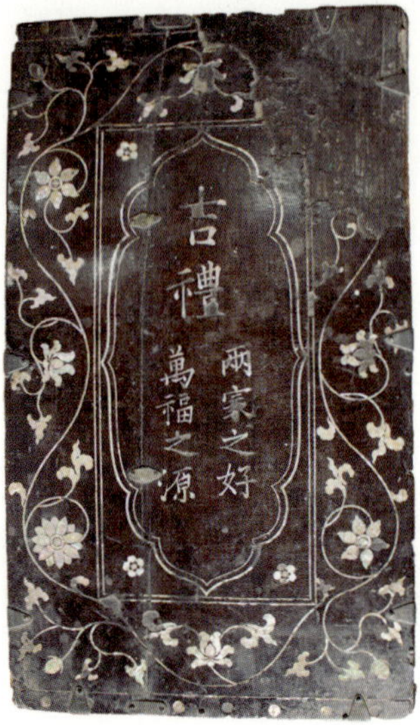

배설 장군의 글귀가 적혀 있는 혼인함

ᄒᆞ물며 유정有情ᄒᆞᆫ 님이야 닐러 무ᄉᆞᆷᄒᆞ리오

엇그제 언제런지 이러로 져리 갈 제
월파정月波亭 ᄇᆞᆰ은 ᄃᆞᆯ애 뉘술을 먹던게고
진강鎭江의 휘든는 버들이 어제론 ᄃᆞᆺᄒᆞ여라

위의 시조는 『가범』의 '배설' 조에 실려 있다. 작품에 "위의 두 곡은 부군이 평소 지은 것이다.[右二曲府君平日所作]"라는 기록만 있어 창작 연대는 정확하게 알 수 없다. 다만 이 시조는 배설 장군이 선산부사로 재직할 때를 회상하며 후일 지은 것으로 추정된다. 뒷절의 '월파정'은 선산善山의 동쪽 5리쯤에 있는 정자이다.

성산배씨 세장지지星山裵氏世葬之地(등암종가 배윤호 제공)

『신증동국여지승람』「경상도·선산도호부」조목에는, "월파정은 여차니餘次尼 나루 동쪽 기슭에 있는데, 여차니 나루는 선산의 동쪽 5리쯤 되는 곳에 있다."라고 하였다. 위의 시조 두 수는 배설 장군의 풍류와 무인으로서의 호방한 기개를 잘 보여 주는 작품이다.

배설 장군은 자가 중한仲閑, 호가 서강西岡이다. 1599년 3월 6일 세상을 떠나니, 향년 49세였다. 1605년에 선무원종일등공신에 녹훈되고, 1610년(광해군 2)에 가선대부 병조참판에 증직되고, 1873년에 도내 유림이 상소하여 자헌대부 병조판서 겸 지의금부 훈련원사에 증직되었다. 배설 장군의 묘소는 성주군 금수면 주

배설 장군 신도비

현산에 있으며, 묘소 밑에는 경상감사가 배설 장군의 위업을 기려 주위 20리를 '배씨세장지裵氏世葬地'로 삼는다는 표지석이 있다. 대가면 도남리 숭조대崇祖臺에 그의 신도비가 있으며, 금오산 입구에는 그의 사적비가 있다. 배설 장군은 슬하에 배상룡裵尚龍·배상호裵尚虎·배상조裵尚藻·배상보裵尚黼 등 네 명의 아들을 두었다.

(4) 화살로써 혼령을 부르다

배설 장군의 동생 배건裵楗(1555-1592)과 배즙裵楫(1564-1598)은 임진왜란이 일어나자 아버지 배덕문과 형 배설 장군을 도와 왜군에 맞서 싸우다가 젊은 나이에 순절殉節하였다. 우리는 임진왜란의 전공을 논할 때 류성룡과 같은 정치가나 이순신과 같은 장군을 항상 이야기한다. 그러나 배건과 배즙과 같이 알려지지 않은 수많은 의병과 관군의 희생이 없었다면 과연 역사에 빛나는 전공을 이룰 수 있었을까? 배건은 의병 전쟁에서 배즙은 노량 해전에서 젊은 나이에 순절했으므로 이들에 대한 기록이 많지 않다. 그러나 우리는 적은 기록이나마 그들의 삶을 재조명하여 후대에 전해야 할 책무가 있다.

배건은 자가 수부守夫, 호가 고암高巖으로, 배덕문의 둘째 아들이다. 어려서부터 성품이 단정하고 중후했으며, 또 온아하며 효행이 남달랐다. 칠봉 김희삼의 문하에서 공부하였고, 항상 효제충신孝悌忠信 네 글자를 좌우명으로 삼았다. 1587년(선조 20)에 음직으로 선무랑에 제수되었다. 임진왜란이 일어나자 의병장인 아버지를 모시며 의병 활동을 충실히 수행하였다. 당시 성주가장인 형 배설 장군이 배건에게 금산金山의 여남현汝南峴에서 만나자고 명하자, 배건은 병사를 이끌고 진격하다가 왜군을 만나 격렬한 전투 끝에 진중에서 전사하였다. 부인인 상산김씨商山金氏 역시 친정 부모를 뵙기 위해 금산에 갔다가 왜군을 만나 절개를 지키다가 죽었다. 슬하에 배상리裵尙璃·배상서裵尙瑞 등 2남 2녀를 두었다. 후손들은 경남 창녕 등지에서 번창하였다. 묘소는 실전되었고, 성주군 대가면 도남리 전인에 묘단이 있으며, 숭조대에 유허비가 있다.

숭조대 경내의 배건 유허비

배즙은 자가 통중通衆, 호가 명암明庵으로, 배덕문의 셋째 아들이다. 일찍이 "대장부라면 마땅히 말안장 위에서 칼을 시험하여 나라를 위해 공을 세워야지 어찌 난세에 책이나 읽으며 공부하는 데에 몸을 바치랴!"라고 한 뒤 붓을 던지고 활쏘기·말타기 등과 같은 무예를 익혔다. 1590년(선조 23) 무과인 호방별과에 급제하여 훈련원訓鍊院에 입직入直하자, 조정에서 모두 "향리에 이처럼 빼어난 인재가 있으리라고는 생각하지 못했다."라고 하였다. 그리고 얼마 뒤에 오위사직五衛司直에 임명되었다. 임진왜란 때 아버지 배덕문과 형 배설 장군이 부상진 전투에서 왜장 흑전구를 격살할 때 도왔으며, 개산진 전투에서도 전공이 있었다. 이에 행재소에서 그를 선무사宣撫使에 임명하였다.

배즙은 정유재란 때 조방장助防將으로 형인 경상우수사 배설 장군을 따라 칠천도 해전에 참여하고 한산도 청야 작전에도 참여하여 전공을 세웠다. 한산도에서 왜군과 대치할 때 달빛이 서늘하게 바다에 떠다니자 그가 뱃전에 기대어 읊은 시가 전한다.

드넓은 바다에 어룡이 잠자고　　海闊魚龍睡
맑은 하늘에 기러기 높이 나네　　天晴鴻雁高
파도 소리는 철갑선에서 나고　　波聲生鐵甲
달빛은 활과 칼에 가득하구나　　月色滿弓刀

–『성주배씨진사공휘현파보星州裵氏進士公諱俔派譜』

왜군과 일전을 앞둔 일촉즉발의 상황에서 읊은 시치고는 시적 분위기가 너무나도 평화롭고 시를 읊는 사람은 태연자약하다. 그러나 시를 읊는 배즙의 태도에서 적 앞에 두려움이라고는 없는 장수의 기개가 잘 나타나 있다. 1598년(선조 31) 11월 19일 노량 앞바다에서 이순신이 이끄는 조선 수군은 왜군과 마지막 해전을 벌였다. 왜군의 형세가 새 떼처럼 불어나고 화살과 탄환이 비 오듯 쏟아지는데, 배즙은 비분강개하여 큰소리로 "바다의 재앙을 잠재우지 못하면 이 목숨을 마칠 수 있겠는가![海氛未晴此生畢命耶]"라고 외치며, 곧바로 적진을 향해 진격하다가 화살에 맞아 순절하였다. 이때 그의 나이가 35세였다. 노량 해전의 승리를 끝으로 7년간 계속되었던 왜군과의 전쟁은 끝났고, 이순신 역

숭조대 경내의 배즙 유허비

시 이때 적의 유탄에 맞아 전사하였다. 배즙은 노량 해전에서 이순신과 함께 짧은 생을 마감하였다.

집안사람들이 노량의 전쟁터에서 배즙의 시신을 찾아보았으나 찾지 못하고, 단지 화살로써 혼령을 불러와 장군의 투구와 함께 고령군 명곡明谷에 장사 지냈다. 그는 1610년에 선무원종이등공훈宣武原從二等功勳에 녹훈되었고, 가선대부 병조참판에 증직되었으며, 의금부와 훈련원의 지사에 추증되었다. 슬하에 아들 배태해裵泰海 한 명을 두었다. 묘소는 고령군 덕곡면 노리 명곡에 있고, 대가면 도남리 숭조대에 유허비가 있다.

2) 등암가의 후손들

배덕문과 그의 아들 배설 장군, 배건, 배즙, 배력 그리고 손자 배상룡 등 3대가 임진왜란 때 의병과 관군으로 왜군에 맞서 싸워 빛나는 전공을 세웠다. 특히, 배상룡은 한강 정구와 여헌旅軒 장현광張顯光(1554-1637)의 뛰어난 문인으로, 학문과 덕행이 뛰어나 그에 대한 영남 사림의 신망信望이 두터웠다. 그 후손 중에 과거에 급제하거나 문집을 남긴 학자가 다수 있다. 이들에 대해 간단히 살펴보도록 한다.

(1) 배상호(1594-1632)

배상호裵尚虎의 자는 계장季章, 호는 괴재愧齋로, 배설 장군의 둘째 아들이자 등암의 아우이다. 어머니는 처사 송원宋源의 딸 야로송씨冶爐宋氏이다. 1593년 12월 16일 성주군 가천리 집에서 태어났다. 어렸을 때부터 영특하고 타고난 기품이 보통 아이들과 달랐다. 성장해서는 한강 정구의 문하에 나아가 의리義理의 가르침을 듣고 더욱 학문에 매진하여 큰 성취가 있었다. 1624년(인조 2) 식년시 진사에 합격하여 성균관에서 유학하였다. 이때 현명한 벗들이 모여들 뿐만 아니라 고관高官과 선배들이 흠모하여 그와 교제하지 않은 이가 없었는데, 모두 그가 원대한 경지에 이를 것이라고 기대하였다.

배상호는 어렸을 때 『시경詩經』「소아小雅·육아蓼莪」 편을 읽고 울었다. 「육아」 편은 부모를 제대로 봉양하지 못한 자식이 부모를 생각하며 슬퍼하는 마음을 읊은 시이다. 여섯 살 때 아버지가 세상을 떠나자, 배상호는 마치 어른처럼 상례를 치르느라 몸이 무척 상하여 수척하였다. 결국 목숨이 위태로운 지경에 이르자, 형인 등암이 자신의 손가락에 피를 내어 배상호에게 먹이고 약을 구해 먹인 덕분에 살아날 수 있었다.

그는 형을 부모처럼 대하여 특별한 일이 있지 않으면 잠시라도 형의 곁을 떠난 적이 없었다. 매번 멀리 나갔다가 돌아오면 반드시 형의 잠자리를 살핀 뒤에 자기 방으로 갔다. 형이 가끔 외출했다가 저녁에 돌아오면 저녁 내내 문에서 기다렸는데, 형을 모시지 않고는 밥을 먹지 않았다. 그래서 사람들은 두 사람을 양진楊津 형제에 비유하였다. 양진 형제는 북조北朝 후위後魏 때의 사람인 양춘楊椿과 양진楊津을 일컫는다. 집안이 대대로 순후純厚한 기풍을 지녔고, 두 형제는 우애가 매우 돈독하여 항상 같이 지냈다고 한다. 특히, 아우 양진은 나이 60이 넘어서도 형 양춘이 외출했다가 돌아오지 않으면 먼저 밥을 먹지 않았고, 음식을 먼저 맛본 뒤에야 형에게 바쳤으며, 형의 허락이 있어야만 밥을 먹었다. 그리고 양진이 사주肆州 고을의 관리로 있을 때는 철마다 좋은 음식을 형에게 보냈는데, 형에게 보내지 못하면 그 음식을 입에 대지 않았다고 한다.

배상호는 불행하게도 1632년(인조 10) 8월 26일 39세의 나이로 세상을 떠났다. 그는 병이 위독할 때 형에게 “형제가 저승에서 노니는 것이 또한 인간 세상 때처럼 할 수 있겠습니까?[兄弟地下從遊

숭조대 경내의 배상호 유허비

亦如人間否]"라고 하였다. 이 말을 들은 사람들은 모두 비통해하지 않음이 없었다. 그의 영구는 처음에 선조의 묘소 옆에 묻혔다가 뒤에 성주군 벽진면碧珍面 원흥산元興山 언덕에 이장되었다. 슬하에 배세안裵世安·배세위裵世緯 두 아들을 두었다. 손자 고촌孤村 배정휘裵正徽가 크게 현달顯達하자 배상호는 승정원좌승지承政院左承旨에 추증되었다. 숭조대에 유허비가 있다. 저술로는 4권 2책의 『괴재선생문집愧齋先生文集』이 있다.

(2) 배정휘(1645-1709)

배정휘裵正徽의 자는 미숙美叔, 호는 고촌孤村으로, 괴재 배상호의 손자이다. 아버지는 배세위裵世緯, 어머니는 노곤盧崑의 딸 서하노씨西河盧氏이다. 배정휘는 1645년(인조 23) 1월 3일 성주군 전인리全仁里(지금의 도남리)에서 태어났다. 7세 때 종조부 등암에게 나아가 수학했는데, 『자치통감資治通鑑』·『한서漢書』·『사기史記』 등을 읽었다. 등암이 "너는 한나라의 유학자 중에 누가 가장 어질다고 알고 있느냐?"라고 묻자, 그는 "동중서董仲舒입니다."라고 대답하였다. 등암이 "어떻게 그것을 아느냐?"라고 묻자, 그는 "동중서는 '그 의義를 바르게 지키고 그 이익을 도모하지 않았으며, 그 도를 밝히고 그 공로를 계산하지 않았다.'라고 했는데, 이는 참된 유학자의 말입니다. 이런 까닭으로 알았습니다."라고 대답하였다. 등암은 크게 칭찬하며 "뒷날 우리 가문을 크게 일으킬 사람은 바로 이 아이로다."라고 감탄하였다. 10여 세 때 독서를 좋아하여 먹고 자는 것을 잊을 지경이었다. 아버지가 자식이 병이 날까 두려워 밤에 책을 읽는 것을 금지하자, 배정휘는 등불을 숨기며 책을 읽어 아버지가 모르게 하였다. 이미 경전과 역사서에 두루 정통하고 문예가 일찍 완성되었으며 성리학 연구에 뜻을 두었다. 1666년(현종 7)에 「원조오잠元朝五箴」을 지어 자신을 경계하였다.

1669년(현종 10) 식년시 진사에 합격한 뒤에 미수眉叟 허목許穆(1595~1682)의 문하에서 수학하였다. 1673년(현종 14) 식년시 문과에 급제하였다. 1677년(숙종 3) 무장현감茂長縣監에 부임하여 학교를 세우고 인재를 육성하며 명분을 바르게 하고 토호를 억누르는 등 치적이 크게 드러났다. 1679년(숙종 5)에 병조정랑을 거쳐 응교에 임명되었다. 이때 예송논쟁禮訟論爭에서 미수 허목을 지지하다가 서인과 숙종의 미움을 산 것이 빌미가 되어 거제현령巨濟縣令으로 좌천되었다. 1683년(숙종 9) 잠시 관직에서 물러나 성주 인현산印懸山 남쪽 자락에 은거하였다. 골짜기 이름을 성당性戇으로 바꾸고 성당정사性戇精舍를 지어 학문에 정진하였다.

1689년(숙종 15)에 배정휘는 다시 대간臺諫에 들어갔으나 인현황후仁顯王后가 폐위되는 일이 생겼다. 그와 동료들은 인현왕후의 폐위가 불가함을 간하며 3일을 대궐 앞에 엎드려 간청했으나, 숙종이 크게 화를 내며 이들을 처벌하려고 하였다. 대신臺臣들이 화가 미칠 것을 두려워하여 모두 계청啓請을 중지하려고 하자, 그는 "국모가 변고를 당했으니 신하 된 자라면 죽음으로써 다투는 것이 옳다."라고 하며, 홀로 상소의 초고를 작성하였다. 상소의 내용이 시의時宜에 적절했으나 소를 올리지 못하고 원고를 불태우며 "한번 죽는 게 두려운 것이 아니라 부모님이 계시니 어찌할 수 없구나!"라고 한 뒤에 고향으로 돌아가 부모를 봉양하고 싶다고 간청하여 능주목사綾州牧使에 임명되었다.

1694년(숙종 20) 그는 갑술환국甲戌換局을 만나 부령富寧으로 유배되었다. 당시 유배지에서 4년을 보내는 동안 문밖출입이 일절 없었다고 전한다. 1697년(숙종 23) 53세에 유배에서 풀려나 고향으로 돌아왔다. 이 시기에는 아침저녁으로 가묘에 배알하고 초하루와 보름으로 다사茶祀를 거행하며, 농상農桑을 권장하고, 아동을 교육하였다. 또 후학 장려를 자신의 소임으로 삼아 후학 양성에 전념하는 한편, 회로당會老堂에서 향약을 정비함으로써 지역의 풍속을 크게 진작시켰다. 1702년(숙종 28) 62세에 가천의 고촌孤村으로 거처를 옮겨 식호정式好亭을 지은 뒤에 스스로 '고촌노인孤村老人'이라 불렀다.

그해 12월에 경원부사慶源府使로 부임하였다. 64세 되던 1708년(숙종 34) 여름에 부인 흥양이씨興陽李氏가 세상을 떠나자 사직하고 돌아오다가, 학질에 걸려 이듬해인 1709년(숙종 35) 2월 65세의 나이로 세상을 떠났다. 흥양이씨와의 사이에는 아들을 두지 못해 아우 배익휘裵益徽의 아들 배윤선裵允先을 사자嗣子로 삼았다. 옥산장씨玉山張氏와의 사이에는 배윤경裵胤敬·배윤성裵胤性·배윤명裵胤命·배윤휴裵胤休·배윤원裵胤源·배윤번裵胤蕃·배윤길裵胤吉·배윤정裵胤貞 등 아들 8형제를 두었다. 묘소는 성주읍 금산리 지남동에 있다. 저술로는 6권 3책의 『고촌선생문집孤村先生文集』(이하 『고촌집孤村集』)과 『축일쇄록逐日瑣錄』·『축일만록逐日漫錄』 등이 있다.

(3) 배석휘(1653-1729)

배석휘裵碩徽의 자는 미여美汝, 호는 겸옹謙翁으로, 등암 배상룡의 손자이다. 아버지는 배세면裵世綿, 어머니는 윤영남尹英男의 딸 파평윤씨坡平尹氏이다. 배석휘는 13세 때 『대학大學』을 읽었다. 약관에 한양에서 재종형再從兄 고촌 배정휘를 만났는데, 배정휘가 그의 빼어난 풍채와 웅대하고 화려한 문사를 보고 몹시 공경하며, "이 사람은 상서로운 세상의 인재이다."라고 한 뒤에 그에게 과거에 응시하라고 권하였다. 그러나 배석휘는 이를 사양하고 고향으로 돌아왔다. 조부인 등암이 왕위원王偉元과 같은 지극한 애통함이 있어서, 조정에서 예를 갖추어 불러도 모두 나아가지 않았을 뿐만 아니라 자손들에게 과거에 응시하지 말라는 유언을 남겼기 때문이다. 왕위원은 진晉나라의 은자 왕부王裒로, 위원은 그의 자이다. 그의 아버지 왕의王儀가 사마소司馬昭의 사마司馬로 있으면서 직간을 했다가 왕의 노여움을 사서 억울하게 죽임을 당했다. 왕부는 이를 애통해한 나머지 조정이 있는 서쪽을 향해 앉지도 않았으며, 조정에서 벼슬을 주겠다고 여러 번 불러도 응하지 않았던 인물이다.

배석휘는 젊을 때부터 뜻을 가다듬고 학문에 매진했는데, 심한 중병이 아니면 의관을 갖추고 바른 자세로 앉아 책을 읽었다. 삼성三省과 사물四勿을 군자가 마음을 다스리고 몸가짐을 단속하는 핵심으로 삼았다. 부모를 섬길 때는 안색을 살펴 모셨고, 또 부모의 뜻을 잘 따랐다. 삼성은 『논어』 「학이學而」에 나오는 말이다. 증자曾子는 "나는 매일 세 가지로 나 자신을 반성한다. 남을 위해 도모하면서 충실[忠]하지 않았던가? 벗과 사귀면서 신실[信]하지 않았던가? 선생님께 배운 것을 익히지[傳習] 않았던가?"라고 하였다. 충·신·전습 이 3가지는 배움의 근본이다. 사물은 『논어』 「안연顔淵」에 나오는 말로, 공자孔子가 안연顔淵의 질문에 답한 인仁의 실천을 위한 4가지 조목이다. 바로 예가 아니면 보지 말고[非禮勿視], 예가 아니면 듣지 말며[非禮勿聽], 예가 아니면 말하지 말고[非禮勿言], 예가 아니면 행동하지 말라[非禮勿動]는 4가지이다.

1653년(효종 4)에 직지사直指使 권환權瑍이 효성과 우애가 돈독하다고 하여 배석휘를 조정에 추천하였고, 조정에서는 배석휘를 예빈시별제에 임명하였다. 그러나 그는 예빈시별제에 취임하지 않았으며, 산수에 마음을 두고 전원에 뜻을 두었다. 이인좌李麟佐의 난이 일어났을 때는 늙고 병들어 의병에 참여할 수 없자, 종친인 배두필裵斗弼을 시켜 노복 수십 명을 이끌고 거창의 진중으로 가도록 조치하였다. 비록 관직에 나가는 것을 좋아하지 않았으나 나라를 근심하고 적과 싸우려는 의기만큼은 이와 같이 대단하였다.

만년에는 진주晉州로 이사하였는데 선대의 가언嘉言과 선행善行이 사라지는 것을 두려워하여, 전해지는 견문을 상세하게 채집해서 7대조 배치, 6대조 배윤후, 5대조 배주, 고조부 배덕문, 증조부 배설, 조부 배상룡 등 6대의 이력履歷과 공훈功勳 등을 기록하여 『가범家範』으로 엮었다. 1729년(영조 5)에 세상을 떠나니 향년 77세였다. 슬하에 배윤계裵胤啓·배윤길裵胤吉 등 2남 2녀를 두었다. 묘소는 성주군 중산리 금파곡에 있다. 저술로는 5권 2책의 『겸옹선생문집謙翁先生文集』과 『가범』 등이 있다.

(4) 배석일(1813-1888)

배석일裵錫一의 자는 문서文瑞, 호는 부지암不知庵으로, 괴재 배상호의 7세손이다. 아버지는 배용수裵龍壽, 어머니는 송겸진宋謙鎭의 딸 야성송씨冶城宋氏이다. 배석일은 기상이 호방하고 의로워 도리에 어긋난 행실을 하거나 불순한 자들도 그와의 대화에서 굴복당하는 경우가 많았다. 과거 공부를 하지 않고 위기지학爲己之學에 힘썼으며, 산림에 은거하여 유유자적하며 정자 이름을 '학묵學默'이라고 하거나 '부지암'이라고 했다. 그의 호 '부지암'은 말을 조심하고, 누가 알아주기를 바라지 않는다는 의미이다.

그는 서암·등암·괴재 등 선대의 유집 원본을 고헌顧軒 정내석鄭來錫(1808-1893)과 함께 베끼고, 진암進菴 정교鄭墧(1799-1879)·서고西皐 이수용李秀容과 함께 교정하여 4년의 노력 끝에 간행하고 반포하였다. 서울에서 살 때 선조의 일이 아니면 권문세족權門世族의 집에 들어가지 않았다. 날마다 성재性齋 허전許傳(1797-1886)의 문하에 나아가 노닐면서 『고촌집』의 서문을 받았다. 또 해창海蒼 강난형姜蘭馨과 어울리면서 배정휘의 묘갈명을 받았다. 이렇듯 그는 평생에 선조를 선양하는 데 정성을 다했고 선조의 글을 모아 문집으로 힘써 편찬하였다. 또한 도천서원道川書院을 중수重修할 때 규모를 갖추도록 기획하였다.

해창 강난형과 상서尙書 한돈원韓敦源이 그의 생각과 행동이 바른 점을 높이 평가하여 그에게 벼슬하기를 권했다. 그러나 배석일은 영화로움을 추구하는 것은 도리에 맞지 않고, 벼슬아치의 몸가짐을 갖추지 못했으므로 벼슬길에 나아갈 여유가 없다고 극구 사양하였다. 저술로는 2권 1책의 『부지암선생문집不知庵先生文集』이 있다.

(5) 배종순(1890-1947)

배종순裵鍾淳의 호는 경당敬堂으로, 아버지는 배석기裵錫箕이다. 배종순은 1890년 2월 8일 성주군 대가면 전인全仁에서 사 형제 중 막내로 태어났다. 소눌小訥 노상직盧相稷(1855–1931)의 문하에서 수학하였다.

그는 1919년 스승의 뜻에 따라 동문인 강신혁姜信赫·박상윤朴尙允·허평許坪·이학규李學奎·류진옥柳震玉·안효진安孝珍·노도용盧燾容·이정후李定厚·박정선朴定善·이돈호李墩浩 등과 함께 한국의 독립을 호소하기 위해 1919년 4월 파리강화회의에 보낼 독립청원서에 서명하였다. 그는 이후에도 조국의 독립을 위해 헌신하였다. 정부는 그의 공훈을 기리고 후세에 교훈으로 남기기 위해 2014년 건국포장을 추서하고, 또 국립대전현충원 독립유공자 제5묘역에 안장하여 추모하고 있다.

1919년 기독교계와 불교계가 주동한 가운데 3·1 독립운동이 일어나자 전국의 유림儒林 대표 곽종석郭鍾錫·김창숙金昌淑·김복한金福漢 등은 대대적인 장서운동을 일으켜 이에 호응하기로 했다. 이것이 바로 파리장서운동인데, 137명의 유림 대표가 전문 2,674자에 달하는 장문의 한국독립청원서를 파리강화회의에 보내게 된 것이다. 이 장서는 김창숙이 짚신으로 엮어서 상하이 임시정부로 가져갔다. 임시정부에서는 다시 이것을 영문으로 번역하여 한문 원본과 같이 3천 부씩이나 인쇄하여 파리강화회의는 물론 중국, 그리고 국내 각지에 배포하였다. 이 사건으로 곽종석을 비롯한 수많은 유림들이 체포되고 투옥되었다.

제2장
생삼사일의 삶, 등암 배상룡

1 하늘을 따르고 천명을 알다

등암藤庵 배상룡裵尚龍(1574~1655)은 1655년(효종 6) 8월 27일 성주목사 노암魯庵 김종일金宗一(1597~1675)이 병문안을 오자 그와 함께 이야기를 나누며 차를 마셨다. 그날 밤새 신음하여 자제들이 약을 올렸으나 손으로 그릇을 내저으며 마시려고 하지 않았다. 그는 일찍이 '하늘을 따르고 천명을 아는[順天知命]' 사람이 드물다고 했는데, 삶과 죽음의 사이에서 마음이 흔들리지 않고 자신을 지키며 달관한 것이 이와 같았다. 등암은 이튿날 28일 인시寅時(새벽 3~5시)에 성주 후동後洞의 임시 거처에서 세상을 떠났다. 그때의 나이가 82세였다. 그는 자식들에게 명정銘旌에 '거사居士'라고만 쓰고 낭관의 직급을 쓰지 말라고 유언하였다.

부고가 이르는 곳마다 놀라고 애통해하지 않는 사람이 없었다. 특히, 미수眉叟 허목許穆(1595~1682)은 부고를 듣자마자 방문 밖에서 곡을 하였다. 허목은 평소 등암이 자신을 지키는 것이 엄정하고 취하고 주는 것이 공정하며 군자의 풍도를 일컫기를 좋아하여 마음으로 그를 공경하고 있었다. 허목은 훗날 다음과 같이 등암의 묘갈명을 지었다.

아! 보배를 품은 채 세상을 피하여	嗚呼懷寶遁世
알아주지 않아도 후회하지 않았네	不見知而不悔
확고하면서도 온화한 마음으로	確而和
성실하면서도 과시하지 않았네	忠愨而不侉
고을 사람들이 경외하여 복종하니	鄕人畏服
아직 아름다운 덕이 남아 있네	尙有懿德

– 허목許穆, 「숭정처사등암배공묘갈명崇禎處士藤庵裵公墓碣銘」, 『등암선생문집藤庵先生文集』

9월 2일 아들 배세유裵世維와 배세면裵世綿이 영구를 모시고 모곡정사慕谷精舍로 돌아와 빈소를 차렸다. 장례 행렬을 따르는 조문객이 100여 명이나 되었는데, 이들은 자식들이 아버지의 유언대로 상을 치르는 것을 보고 기뻐하며 감복하였다.

1656년(효종 7) 2월 17일에 성주 금수면 후리산厚理山에 장사지냈는데, 부인 거창신씨居昌愼氏의 묘도 옮겨 합장하였다. 1690년(숙종 16) 2월 허목은 글을 짓고 전서로 쓴 묘갈을 세웠다. 1725년(영조 1) 성주의 사림이 사뢰촌思瀨村에 도천서원道川書院을 세우

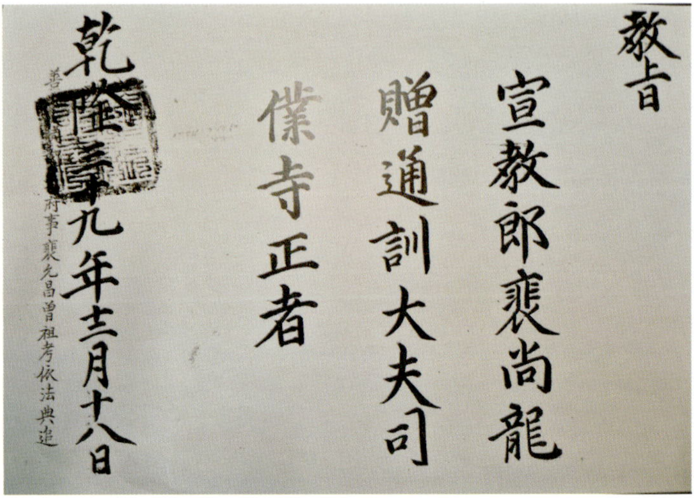

1774년 배상룡 증직 교지(등암종가 배윤호 제공)

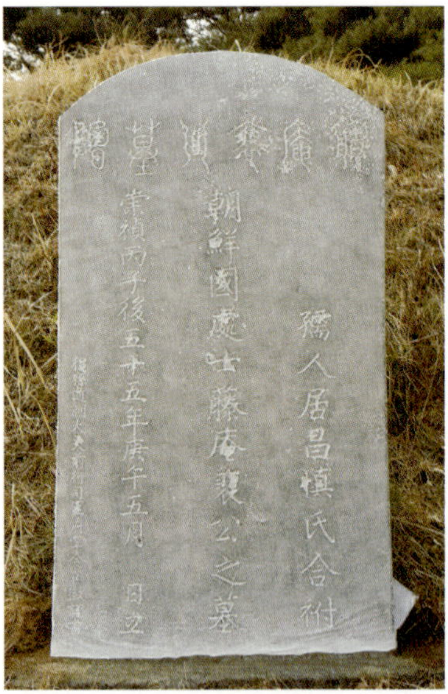

허목이 쓴 배상룡 묘비(탁본 중, 경북대학교 영남문화연구원 성주금석문대관 연구팀 제공)

등암 묘소

고 위판을 봉안했으며, 영정은 감실에 모셨다. 도천서원은 바로 뇌촌정사瀨村精舍의 옛터이다. 1774년(영조 50)에 통훈대부通訓大夫 사복시정司僕寺正에 추증되었다. 1786년(정조 10)에 성주의 사림들이 도천서원을 뒷개 마을의 옛터로 이건하여 위판을 봉안하고, 왼쪽에 아우인 괴재 배상호를 병향하였다.

배상룡의 자는 자장子章, 호는 등암藤庵, 본관은 성산星山이다. 조부는 사재감정司宰監正을 지낸 배덕문이고, 아버지는 영남수군절도사嶺南水軍節度使를 지낸 배설 장군이며, 어머니는 송원宋源의 딸 야성송씨冶城宋氏이다. 배상룡은 슬하에 배세유·배세면 등 2남 2녀를 두었다. 등암영각에서 제향하고, 숭조대에 유허비가 있다.

教旨
淑夫人宋氏
爲貞夫人者
萬曆三十八年三月初九日
贈嘉善大夫戶曹參判兼同知義禁府
事裵楔妻依大典從夫職

1610년 숙부인 송씨를 정부인으로 임명한 고신(등암종가 배윤호 제공)

숭조대 경내의 배상룡 유허비

생삼사일의 삶,
등암 배상룡

2 지붕을 감도는 자색 구름

등암 배상룡은 1574년(선조 7) 10월 6일 성주 팔거현八莒縣 도촌리道村里에서 태어났다. 도촌리는 등암의 어머니 야성송씨冶城宋氏의 친정으로, 송씨가 근친을 가서 등암을 낳았다. 등암이 태어날 때 자색 구름이 지붕을 감돌면서 밤새도록 사라지지 않아 사람들이 기이하게 여겼다고 한다.

등암은 4세 때 두각頭角이 우뚝하고 남들보다 총명하여 학식이 있는 이들은 이미 그가 비범한 아이임을 알았다. 등암은 5세 때 할아버지에게 『사략史略』을 배웠다. 등암이 『사략』을 처음부터 끝까지 한 번 읽고는 틀리지 않고 줄줄 외우자, 서암이 "역사책의 내용은 모두 옛사람의 일이다. 훌륭한 것은 본받고 나쁜 것은 거울로 삼은 뒤에야 진덕수업進德修業(덕을 진전시키고 학업을 닦다)의 도에 유익함이 있으니 어찌 깊이 생각하지 않을 수 있겠느냐?"라고 하자, 등암은 "제 마음에 나름대로 선善이 있는데, 어찌 역사책을 볼 필요가 있겠습니까!"라고 하며, 책을 덮고 나갔다. 서암은 웃으며 "이 아이는 온통 호방한 기상만 있구나!"라고 하였다.

1578년(선조 11, 등암 5세) 가을에 등암은 외가에 가서 지냈다. 외조부 충순위忠順衛 송원宋源이 일찍 세상을 떠나고 외조모 박씨가 후사 없이 홀로 지내고 있었기 때문이다. 하루는 외조모가 항아리에 곡식을 저장하려고 하는데, 항아리 입구가 좁고 작아 곡식이 흩어지고 떨어져 잘 들어가지 않았다. 등암이 헌 양모자를 주워 항아리 입구에 거꾸로 꽂고 곡식을 붓자 곡식이 한 톨도 떨어지지 않았다. 외조모가 등암을 기특하게 여기며 "누가 다섯 살 아이의 지혜가 이와 같을 줄 알았겠는가?"라고 하였다.

이듬해 등암은 외종숙 송후창宋後昌에게 나아가 『통사通史』를 배웠다. 등암은 아침마다 일찍 일어나 세수한 뒤에 외종숙 앞에 가서 절하고, 읽은 책을 다 암송한 뒤에 일과日課를 받았다. 종일 꼿꼿이 앉아 집중해서 책을 읽다가 날이 저물면 절하고 돌아왔다. 가을과 겨울이 다 가도록 밤을 새워 가며 책을 읽었는데, 조금도 나태한 마음이 없었다.

1580년(선조 13, 등암 7세) 외가에서 돌아와 할아버지에게 『소학小學』을 배웠다. 이때 등암은 즐거운 마음으로 부지런히 읽으며 잠시도 게을리하지 않았다. 서암이 "지난날 역사책을 읽을 때는 깊이 생각하지 않더니, 지금 이 책은 정성을 들여 음미하는 것은 어째서이냐?"라고 묻자, 등암은 "역사책은 거울로 삼거나 본받는 데 불과하지만, 『소학』은 사람을 진작시키고 자신을 완성하는 방법을 담고 있으므로 감히 공경하지 않을 수 있겠습니까!"라고 하였다.

1583년(선조 16, 등암 10세) 『시경詩經』과 『서경書經』을 읽었고, 이듬해에는 처음으로 육경六經을 배웠다. 이때 의리처를 알게 되면 그때마다 기뻐하며 먹는 것도 잊어버렸다. 1585년(선조 18, 등암 12세) 8월에 한강 선생이 서암 배덕문을 찾아왔다. 등암이 곁에서 모셨는데, 한강 선생은 등암의 용모가 수려하고 행동이 차분한 것을 보고 그를 매우 아끼면서 독서를 권하였다. 서암이 "제가 이 아이를 선생에게 부탁하고 싶습니다."라고 하자, 한강 선생이 흔쾌히 허락하였다. 등암은 한강 선생을 만난 뒤로부터 도학을 연구할 뜻을 두었는데, 일찍이 "문장을 뒤져 글귀나 찾는다면 어찌 선비라고 일컬을 수 있겠는가! 널리 하늘과 인간이 하나의 이치임을 아는 것이 바로 우리가 해야 할 사업이다."라고 탄복하였다. 그러고는 경전을 독실하게 익혀 손에서 놓은 적이 없었다.

1586년(선조 19, 등암 13세) 등암은 "『논어論語』와 『맹자孟子』는 두 성인이 도를 전한 책이므로 아침저녁으로 익히고 연구해야 한다. 특히, 「향당鄕黨」 편과 호연장浩然章의 경우는 더욱더 사색하고 음미할 만하다."라고 하였다. 그래서 책을 읽다가 의심나는 곳이 있으면 그때마다 할아버지에게 질문하여 가르침을 받았다. 1587년

(선조 20, 등암 14세) 겨울에 자형 사옹槎翁 박명윤朴明胤(1566-1649)과 함께 『주역周易』을 읽었다. 등암이 자형에게 "삼대三代의 글은 유창하고 풍만하여 기상이 숭상할 만하고, 송宋나라 제현諸賢의 글은 앞 시대 성인의 깊은 뜻을 드러내어 밝혔으며, 한漢과 당唐의 글은 흠이 없지 않으니, 문장이 순후하고 흠이 있는 것은 세도의 성함과 쇠함에 따라서 오르내립니다."라고 하자, 자형이 책상을 치며 "참으로 바른말이다."라고 하였다.

1590년(선조 23, 등암 17세) 설날 아침에 자형 박명윤을 따라가 한강 선생을 뵈었고, 또 9월에 한강 선생을 뵙고 『중용中庸』과 『대학大學』을 배우며 열흘 정도 머물다가 집으로 돌아왔다. 11월 동지에도 한강 선생을 찾아뵈었는데, 등암은 해마다 설날과 동지가 되면 반드시 한강 선생을 찾아뵈었다. 1591년(선조 24, 등암 18세) 정월에 여헌 장현광 선생을 뵈었다. 당시 여헌 선생은 송씨宋氏 가문에 다시 장가를 들었는데, 등암을 만나 이야기를 나누고는 매우 기뻐하며 "그대는 훗날 반드시 큰 선비가 될 것이네."라고 하였다.

등암은 뜻과 기상이 원대하고 재주와 식견이 남보다 많이 뛰어나 학업을 일찍 성취하였고 문장이 고결하였다. 젊을 때 여러 번 향시에 합격하여 사람들이 모두 그에게 큰 성취가 있을 것으로 기대하였다. 그러나 1599년(선조 32) 아버지 배설 장군이 복주伏誅되자, 벼슬에 나아가려는 생각을 단념하고 산림에 은거하면서 스스로를 '등암거사藤庵居士'라 부르며, 평생 벼슬하지 않음으로써 자기의 뜻을 완성하였다.

3 국가 위기에 백성의 의무를 다하다

등암 배상룡은 임진왜란·정유재란·정묘호란·병자호란 등 네 차례에 걸친 국가의 위기에 직면하여, 의병을 일으키거나 종군從軍하여 적들과 싸움으로써 백성의 의무를 다하였다. 서암은 일찍이 등암에게 『사략』을 가르치다가 "이 아이는 온통 호방한 기상만 있구나!"라고 한 적이 있었다. 등암은 17~19세 때 「등불 심지 돋우며 검을 자주 보다[挑燈看劒頻]」라는 부賦 작품을 지었는데, 그의 호방한 기상이 잘 드러나 있다. 일부 내용을 보면 다음과 같다.

> 등불 심지 돋우며 검을 자주 보다[挑燈看劍頻]
> …
> 하늘 높이 솟은 충분을 품은 채 　　　懷丹憤之干雲

벽에 비친 푸른 등불을 짝했네	伴青燈之照壁
홀로 잠 못 들어 뒤척이니	獨無寐而輾轉
누가 답답한 내 마음 알아주랴	誰會余之腷臆
허리춤의 날카로운 보검과	腰間蓮鍔
간담 속의 충성스런 마음	肝膽舊物
기상은 무지개를 뱉어 내고	氣吐虹霓
원통함은 두성과 우성을 가로지르네	冤橫斗牛
칼집에서 부질없이 우는 검을 달래며	弔匣中之空鳴
근심이 맺힌 마른 눈동자를 닦노라	揩攢愁之枯眸
서릿발의 칼날 낡아도 녹슬지 않고	霜釯老而未蝕
날카로운 칼끝 오래되어도 무디지 않네	華鍔古而不澁
섬뜩한 빛이 밝게 빛나니	寒光照耀
용을 벨 수 있고	可以屠龍
장한 기개가 약동하니	壯氣動躍
종을 자를 수 있네	可以剸鐘
등불 돌려 자주 비추며	回燈頻照
몇 번이나 주시하였던가	幾番注目
어루만지고 또 어루만지며	手之撫之
탄식하고 안타까워하네	以歎以惜

…

– 배상룡裵尚龍, 『등암선생문집藤庵先生文集』

위의 작품은 각주에는 17세, 『연보』에는 19세 때 지었다고 기록되어 있어서 정확하게 언제 지어졌는지 알 수 없지만, 임진왜란이 일어나기 전 2년 사이에 지어진 것으로 보인다. 이 작품은 중국 남송南宋의 충신 문천상文天祥의 절의를 칭송하였다. 문천상은 남송 말기 원元나라와의 전쟁 때 가산을 모두 쏟아 1만여 명

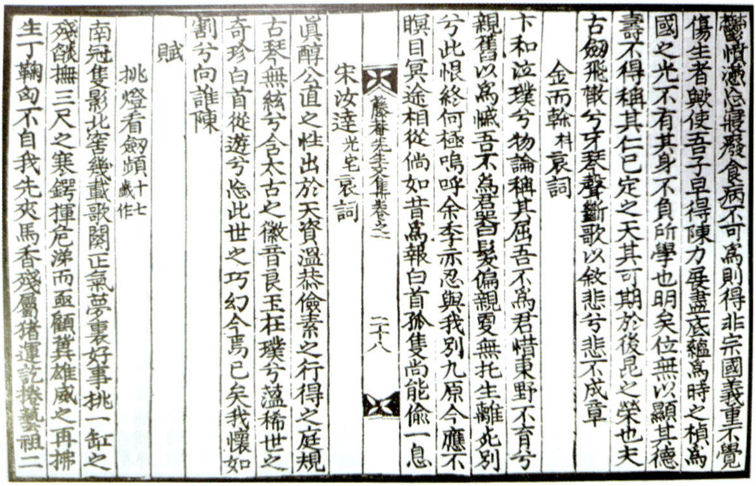

鬱憤憑怠寢廢食病不可爲則得非宗國義重不覺
傷生者歟使吾子早得陳力展盡底蘊爲時之楨爲
國之光不有其身不負所學也明矣位無以顯其德
壽不得稱其仁已定之天其可期於後昆之榮也夫
古劒飛散兮牙琴聲斷歌以敘悲兮悲不成章

金而幹 朴 哀詞

卞和泣璞兮物論稱其屈吾不爲君惜東野不育兮
親舊以爲慽吾不爲君嗟白髮偏親憂無托生離死別
兮此恨終何極嗚呼余季亦忍與我別九原今應不
瞑目冥途相從倘如昔爲報白首孫隻尚能偷一息

藤菴先生文集卷之一 二十八

宋汝達 光宅 哀詞

眞醇公直之性出於天資溫恭儉素之行得之庭規
古琴無絃兮合太古之徽音良玉在璞兮蘊稀世之
奇珍白首從遊兮悠此世之巧幻今焉已矣我懷如
割兮向誰陳

賦

挑燈看劍頻 十七 歲作

南冠隻影北窖幾載歌闋正氣夢裏好事挑一缸之
殘燄撫三尺之寒鍔揮危涕而亟顧冀雄威之再拂
生丁鞠凶不自我先夾馬香殘屬猪運訖捲藝祖二

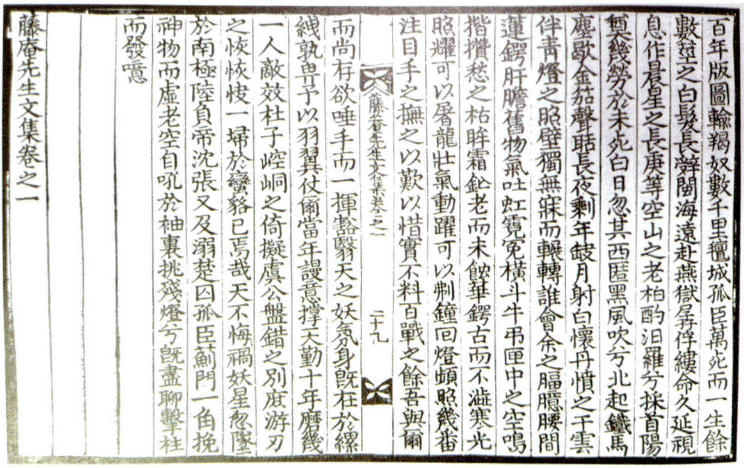

百年版圖輸羯奴數千里甌城孤臣萬死而一生餘
數莖之白髮長辭閭海遠赴燕獄孱孱縷命久延視
息作晨星之長庚等空山之老柏酌汨羅兮採首陽
蕨幾勞於未死白日忽其西匿黑風吹兮北起鐵馬
塵歇金笳聲聒長夜剩年鼓月射白懷丹憤之干雲
伴靑燈之照壁獨無寐而輾轉誰會余之膈臆腰間
蓮鍔肝膽舊物氣吐虹霓宛橫斗牛弔匣中之空鳴
揩攢愁之枯眸霜鋩老而未蝕華鍔古而不澁寒光
照耀可以屠龍壯氣動躍可以剸鐘回燈頻照幾番
注目手之撫之以歎以惜實不料百戰之餘吾與爾

藤菴先生文集卷之一 二十九

而尚存欲唾手而一揮豁翳天之妖氛身旣在於縲
絏孰畀予以羽翼仗爾當年謾意撑天勤十年磨幾
一人敵效杜子崆峒之倚擬虞公盤錯之別庶游刃
之恢恢枝一埽於蠻貉已焉哉天不悔禍妖星忽墜
於南極陸負帝沈張又及溺楚囚孤臣薊門一角挽
神物而虛老空自吼於柚裏挑殘燈兮旣盡聊擊柱
而發噫

藤菴先生文集卷之一

「등불 심지 돋우며 검을 자주 보다[挑燈看劍頻]」, 『등암선생문집』(한국국학진흥원 제공)

의 근왕병을 모집해서 출정했다가, 원나라 장수 장홍범張弘範에게 붙잡혀 연경燕京으로 끌려갔다. 3년 동안이나 온갖 회유와 협박에도 굴하지 않고 절의를 지키다 죽임을 당하자, 원나라 세조世祖가 "문천상은 참다운 대장부로다."라고 탄복했다고 한다. 그는 시문에도 굉장히 뛰어났는데, 특히, 옥중에서 지은 「정기가正氣歌」가 유명하다.

등암은 이 작품에서 문천상이 연경의 감옥에서 보여 준 불굴의 의지와 충분忠憤을 격정적으로 표현했는데, 이는 곧 등암 자신의 꺾이지 않는 절의와 충분의 마음이기도 하다. 등암은 젊을 때 이와 같은 호방한 기개와 절의를 지녔으므로 국가가 위기에 직면하자 좌고우면하지 않고 과감하게 나아가 적에 맞서 싸울 수 있었다.

1592년(선조 25, 등암 19세) 4월 등암은 할아버지 서암 배덕문을 모시고 향교에서 개강하였다. 이때 서암은 훈장으로 학생들에게 강독하고 있었는데, 향교의 종이 급히 달려와 "왜적이 고개를 넘어옵니다."라고 하였다. 그러자 학생들이 흩어져 달아나고, 등암은 할아버지를 모시고 샛길을 따라 서둘러 집으로 돌아오는데, 말다래가 땅에 떨어졌다. 등암이 주워서 안장에 매었더니, 서암이 "사태가 매우 급박하다. 어찌 말다래를 주울 겨를이 있느냐?"라고 하였다. 이에 등암은 "아무리 경황이 없어도 어떻게 잃어버릴 수 있겠습니까?"라고 하였다. 아버지 배설 장군이 한양에서 돌아와 할아버지를 모시고 성주의 군막으로 달려가고, 등암은 집안의 장정들과 함께 어른과 아이들을 데리고 김천의 수도산修道山으로 들어갔다.

1592년 4월 30일 새벽, 선조宣祖가 북으로 피란길에 올랐다. 이 소식을 들은 등암은 관례冠禮를 치르자마자 산을 나와 주도적으로 의병을 모집하였다. 서암이 이를 만류하며 "조부·자식·손자 3대가 모두 종군하면 이 많은 식구는 누구에게 의지하느냐? 너는 나이도 어리니 우선 사태를 관망하다가 나가도 늦지 않을 것이다."라고 하자, 등암은 그제야 그만두었다. 이후 왜군이 성주를 쳐들어와 무참하게 살육을 자행하자, 등암은 할아버지의 안부를 알기 위해 산길을 따라 적을 피해 읍내에 도착하였다.

6월에는 전라도 광양光陽으로 달려가서, 어명을 받들어 바다에서 적을 막고 있던 아버지를 진중에서 뵈었고, 7월에는 성주읍에서 할아버지를 뵈었다. 이때 할아버지를 따라가서 적산의 길목에 복병을 배치하여 반승 찬희를 습격하여 죽였다. 당시 반승 찬희가 성주군수 제말諸沫(?-1592)을 죽이고 왜군과 내응하였으므로 서암이 그를 죽인 것이다. 8월 22일에 아버지를 모시고 화왕산성火旺山城으로 들어가 망우당 곽재우를 뵙고 왜군을 방어할 대책을 논한 뒤, 겨울에 성주 뒷개 마을로 돌아왔다.

1593년(선조 26, 등암 20세)에는 아버지를 따라가 김천 부근의 부상에서 왜군과 싸웠는데, 이때 아버지가 흑전구를 활로 쏘아 죽였다. 1594년(선조 27, 등암 21세) 봄에 아버지가 동래현령이 되었다가, 가을에 진주목사가 되었다. 등암은 진주 관아로 가서 아버지를 뵈었는데, 병사 조대곤曺大坤은 등암을 보고 기이하게 여기며 "공은 천하의 뛰어난 재주를 지녔구나!"라고 하고는 왜군을 막을 계책을 물어보았다. 1595년(선조 28, 등암 22세)에 망우당 곽재우, 사봉沙峰 김천택金天澤(1555-1595) 등과 함께 화왕산성을 지켰는데, 이때 김천택이 성안에서 세상을 떠나자 동향의 사람으로서 더욱 애통해하였다. 곧이어 선산善山으로 가서 아버지를 뵙고 금오산성 쌓는 일을 도왔는데, 바로 구택九澤을 파고 혜창惠倉을 설치하는 것이었다.

1597년 왜군이 정유재란을 일으키자 충청도·전라도·경상도 삼남三南이 소란스러워졌다. 등암은 할아버지의 막사에 가서 안부를 확인하고, 다음으로 아버지의 영문營門에 가서 군무에 참여하였다.

한편, 1598년(선조 31, 등암 25세) 임진왜란이 끝나면서 조선은 한숨을 돌리는가 싶었으나 고통은 끝나지 않았다. '늑대가 사라지고 나니 호랑이가 나타난' 격이었다. 이번에는 누르하치의 후금後金이 굴기해 조선과 명을 위협하였다. 선조 이후 등극한 광해군光海君은 명과 후금의 대결에 휘말려 들지 않기 위해 두 나라 사이에서 줄타기하였다. 그러나 이러한 광해군의 외교 정책은 서인이나 남인들로부터 커다란 반발을 샀다. 1623년(인조 1) 광해군의 '패륜 행위'를 문제 삼아 서인 일파가 광해군을 몰아내고 인조를 왕으로 옹립하였다. 바로 인조반정仁祖反正이다. 서인 정권은 광해군의 양면 정책을 버리고 뚜렷한 친명배금親明排金 정책(명과 친밀하고 후금을 배척하는 정책)을 취했다. 이러한 조선의 외교 정책 변화는 명나라를 공격하는 데에 힘쓰던 후금을 불안하게 만들었다. 결국 1627년(인조 5) 정월에 후금은 3만의 병력으로 조선을 침공하였다. 바로 정묘호란丁卯胡亂이다.

정묘호란이 일어나자 조선에서는 소현세자를 전주로 피난시키고 인조 이하 조정은 강화로 피했다. 이때 인조는 여헌 장현광을 경상우도호소사로 임명하여 의병을 모집해 근왕勤王토록 하였다. 여헌 선생이 등암을 참모관參謀官으로 부르자 등암은 스승의 군막으로 달려가 군정에 참여하고 초유문招諭文을 지었다. 여헌 선생이 이를 보고는 "사람을 감동시켜 눈물을 흘리게 하기에 충분하다."라고 하고, 즉시 모든 고을에 전하여 알리도록 하였다. 다음은 초유문의 마지막 부분이다.

> 오호라! 사대부 및 부로父老와 백성들이여, 지존至尊께서 진흙 속에서 이슬 맞고 계신다는 소식을 차마 들을 수 있겠는가! 종묘사직이 몽진蒙塵했다는 소식을 차마 들을 수 있겠는가! 여러 대에 걸쳐 받은 은택을 차마 잊을 수 있겠는가! 오랑캐의 의관을 입는 것을 차마 볼 수 있겠는가! 본관이 어전을 물러나던 날 성상께서 낭랑한 옥 같은 목소리로 영남의 많은 선비에게 기대하심이 간곡했을 뿐만이 아니었다. 비유하면 물과 불 속에 있는 부모가 자식에게 구조되기를 바라는 것과 같았다. 이럴 때 눈물을 뿌리며 소매를 떨치고 일어나지 않으면 또한 사람의 도리를 하지 못할 것이다. 원충갑元冲甲은 일개 서생이었는데도 향병鄕兵으로서 홍건적을 크게 꺾을 수 있었다. 명분이 바른 군대는 사기가 왕성하니, 어찌 고금의 다름이 있겠는가? 무릇 혈기가 있는 사람은 각자 의를 보고 치솟는 용기를 분발하고,

한목소리로 호응하는 진심을 바치라. 향리에서 의병을 불러 모으고 무리를 규합하여 관군과 협동하여 계책을 기다렸다가 영남으로 통하는 길목을 차단하거나 분조分朝를 호위하라. 만일 기가 꺾여 움츠러들어 모집에 응하지 않는 사람이 있으면 힘써 깨우쳐 주라. 두 번 세 번 깨우쳐 주어도 듣지 않으면 이는 오랑캐가 되는 것도 달게 여기고 제 발로 군주를 뒷전으로 하는 죄망에 들어가는 것이다. 대의가 있는 곳에는 자연히 떳떳한 형벌이 있는 법이다. 그러나 영남에 어찌 이런 사람이 있겠는가! 무릇 나와 뜻을 함께하는 사람은 진심으로 외치는 이 호소를 들으시오. 행재소에 계시는 군왕을 생각하여 눈물을 뿌리니 죽기를 각오한 마음이 있고, 그대들에게 호소하여 함께 도적과 맞서려 하니 소중한 것은 의리이다. 마땅히 곰발바닥[熊]과 물고기[魚]를 취사 선택할 바를 살펴서 개나 양 같은 오랑캐의 심장을 찢으라. 다하지 못한 말은 뒤에 나열해 놓겠다. 각자 마땅히 자세히 살피고 시행해야 하므로 알린다.

– 배상룡裵尙龍, 「호소사통유문號召使通諭文」, 『등암선생문집藤庵先生文集』

격문이 모든 고을에 도달하자 선비들이 앞다투어 떨치고 일어나 기일을 정하여 의병을 일으켰으나 후금이 물러났다는 소식을 듣고 병사를 해산하였다.

이후 후금은 요서 지방과 내몽고를 정복하여 세력을 점점 더 넓히더니, 1636년(인조 14)에는 국호를 청淸이라 고치고 수도를 심양瀋陽에 정했으며, 태종이 자신을 황제라 칭하면서 조선에 군신君臣의 관계를 맺으라고 요구해 왔다. 청의 요구는 조정을 격분시켰는데, 그 대책을 둘러싸고 조정 신하들의 논의는 외교적 교섭을 통해 문제를 해결하자는 '주화론主和論'과 '힘의 강약을 돌보지 말고 옳은 길을 가야 한다'는 명분을 내걸고 강력한 무력

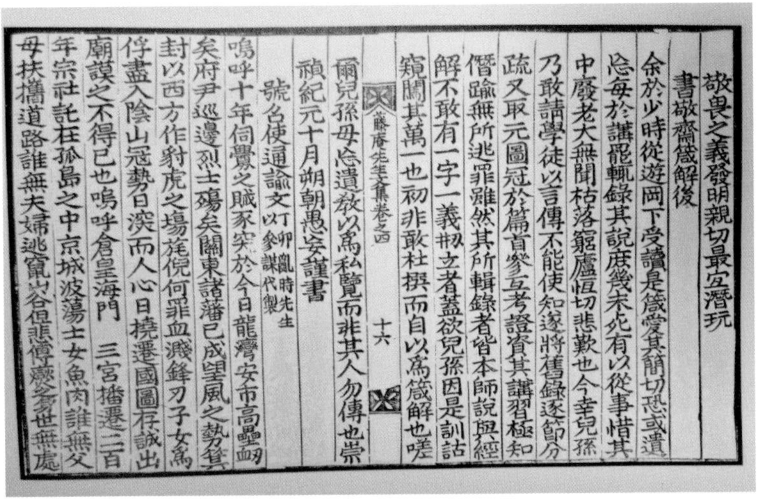

敬畏之義發明親切最宜潛玩
書敬齋箴解後
余於少時從遊岡下受讀是箴愛其簡切恐或遺忘每於講罷輒錄其說庶幾未死有以從事惜其中廢老大無聞枯落窮廬悵切悲歎也今幸兒孫乃敢請學徒以言傳不能使知遂將舊錄逐節分疏又取元圖冠於篇首參互考證資其講習極知僭踰無所逃罪雖然其所輯錄者皆本師說與經解不敢有一字一義刱立者蓋欲兒孫因是訓詁窺闖其萬一也初非敢杜撰而自以爲箴解也嗟爾兒孫毋忘遺敎以爲私覽而非其人勿傳也崇禎紀元十月朔朝愚妄謹書

藤庵先生文集卷之四 十六

號召使通諭文 丁卯亂時先生以參謀代製
嗚呼十年伺釁之賊豕突於今日龍灣安市高壘血刃矣府尹巡邊烈士殤矣關東諸藩已成望風之勢箕封以西方作豺虎之場旄倪何罪血濺鋒刃子女爲俘盡入陰山寇勢日深而人心日撓遷國圖存誠出廟謨之不得已也嗚呼倉皇海門 三宮播遷二百年宗社託在孤島之中京城波蕩士女魚肉誰無父母扶攜道路誰無夫婦逃竄山谷但悲傳變參世無處

「호소사통유문」, 『등암선생문집』(한국국학진흥원 제공)

응징을 요구하는 '주전론主戰論'의 둘로 갈라졌다. 결국, 대세는 주전론으로 기울고 선전宣戰의 교서가 내려졌다. 이에 청 태종은 1636년(인조 14) 12월에 10만 명의 군대를 이끌고 질풍같이 쳐내려와 압록강을 넘은 지 5일 만에 한양을 유린하고, 7일 만에 왕과 대신들이 피난해 있던 남한산성을 포위하였다. 왕자와 비빈은 미리 강화로 피난시켰으나 인조는 길이 막혀 남한산성으로 들어갈 수밖에 없었다.

인조는 팔도에 근왕병을 모집하였다. 이에 성주의 많은 선비가 의병을 일으켜 왕을 호위하려고 향교에 모였는데, 전 승지 이언영李彦英(1568~1639)이 등암을 추대하여 의병장으로 삼았다. 이

때 등암의 나이가 63세였다. 등암은 향리에서 앞장서 의병을 규합하고 군량과 무기를 거의 다 준비했는데, 그를 질투하는 자가 있자 등암은 그 사람에게 양보하고 산중으로 물러났다. 마침 여헌 장현광도 의병을 일으켜 여러 번 편지를 보내 등암을 초청하였고, 순찰사 심연沈演(1587–1646)이 문경에서 공문을 보내 등암을 불렀다. 등암은 이듬해인 1637년(인조 15, 등암 64세) 정월에 문경의 막부에 도착하였다. 순찰사는 등암을 종사관으로 삼아 군대의 전략을 짜도록 하였다. 등암이 위로는 순찰사를 보좌하고 아래로는 부대를 다스리자 호령이 엄하였고 군대의 위용이 질서정연하였다. 지례현감知禮縣監 이전李塡(1558–1648), 사군使君 조정융曺挺融(1598–1678)과 함께 한 군막에 있으면서 진격하여 조령을 넘으려다가 남한산성이 함락되었다는 소식을 듣고 마침내 군대를 해산하고 성주로 돌아왔다.

등암은 국록을 먹은 적이 없는 포의布衣의 선비로 국가가 위기에 직면했을 때 최선을 다하였다. 벼슬하던 할아버지와 아버지, 그리고 스승을 도와 적과 싸웠을 뿐만 아니라 스스로 의병을 일으켜 적에게 맞섰다. 등암은 생삼사일生三事一의 의리 가운데 한 가지를 다한 것이다. '생삼사일'이란 자신을 낳아 준 세 사람, 즉 아버지와 스승과 임금을 똑같이 섬겨야 한다는 뜻으로, 군사부일체君師父一體와 의미가 통한다.

생삼사일의 삶,
등암 배상룡

4 하늘과 아버지처럼 받든 두 명의 스승

1) 하늘처럼 받든 스승, 한강 정구

등암은 가정의 가르침을 제외하고 평생 두 분의 스승을 섬겼는데, 바로 한강 정구와 여헌 장현광이다. 등암은 「한강 선생을 애도하는 제문[祭寒岡先生文]」에서 "친함은 아버지와 같고 받든 것은 하늘과 같았습니다."라고 하였고, 「여헌 선생을 애도하는 제문[祭旅軒先生文]」에서는 "선생님을 아버지처럼 받들어 모셨습니다."라고 하였다. 등암은 두 스승을 아버지처럼 친하게 모시고 하늘과 같이 받들어 모셨다.

등암이 한강 선생을 처음 만난 것은 12세 때였다. 1585년 8월에 한강 선생이 할아버지 서암 배덕문을 찾아와서 등암이 곁에서 모셨다. 이때 서암이 한강 선생에게 등암을 가르쳐 달라고 부탁했는데, 한강 선생이 흔쾌하게 허락하였다. 그러나 사제師弟의 인연이 성립된 것은 등암이 17세(1590)일 때부터인 듯하다. 그 해 설날 아침에 등암은 자형 박명윤을 따라가 한강 선생을 뵈었고, 또 9월에 한강 선생을 뵙고 『중용』과 『대학』을 배우며 열흘 정도 머물다가 집으로 돌아왔다. 11월 동지에도 한강 선생을 찾아뵈었는데, 등암은 해마다 설날과 동지가 되면 반드시 한강 선생을 찾아뵈었다. 1591년(선조 24, 등암 18세) 3월에 사창社倉에서 한강 선생을 찾아뵙고 『심경心經』에 대해 질문했으며, 11월에는 한강 선생을 모시고 통천通川으로 가다가 조령鳥嶺까지 가서 되돌아왔다.

1596년(선조 29, 등암 23세) 4월에 체찰사 오리梧里 이원익李元翼(1547~1634)이 주최한 군무회의에 참석하러 온 한강 선생을 객관에서 찾아뵈었다. 1600년(선조 33, 등암 27세) 5월에 한강 선생이 등암에게 편지를 보내 위로했는데, 이는 1599년 3월 6일에 등암의 아버지 배설 장군이 복주伏誅되었으므로 이를 위로한 것이다. 1601년(선조 34, 등암 28세) 10월에 등암은 심부름꾼을 보내서 횡성에 있던 한강 선생에게 안부를 물었다. 이때 한강 선생은 당상관堂上官으로 『경서언해經書諺解』를 교정하다가 소를 올려 사직하고 횡성에서 지내고 있었다. 1602년(선조 35, 등암 29세) 2월에 휴가를 청하여 고향으로 돌아오는 한강 선생을 등암이 호령狐嶺(성주의 대가면과 수륜면을 연결하는 고개)의 길가에서 맞이하였다. 등암은 아버지상을 당한 뒤로부터 사람들과 어울리려 하지 않았으나 이때는 호령의 길가에 나아가 한강 선생을 뵈었다. 한강 선생이 그를 위해 안타까워하며 위로하자, 이때부터 등암의 말투와 낯빛이 달라지기 시작하였다.

1603년(선조 36, 등암 30세) 3월에 등암은 심부름꾼을 목천木川으로 보내어 한강 선생을 위문하였다. 한강 선생은 둘째 형인 서천부원군西川府院君 백곡栢谷 정곤수鄭崑壽(1538-1602, 초명은 정규鄭逵)의 장례를 치르고 나서 소를 올려 사직하고 물러나 목천에서 살고 있었다. 9월에 등암은 "아버지상을 당한 뒤로부터 천지 사이에 목숨을 연명하면서 충성하려 해도 할 길이 없고, 효도하려 해도 미치지 못하고 있습니다. 만약 스스로 선생의 문하에 발길을 끊는다면 생삼의 대의를 하나도 지키지 못하는 결과가 됩니다."라고 하며, 한강대寒岡臺 북쪽에 숙야재夙夜齋를 짓고 강학하던 한강 선생에게 나아가 선생을 모셨다.

한강 선생은 등암에게 매우 큰 기대를 하며 중요 업무를 반드시 그에게 맡겼다. 당시 한강 선생은 『오선생예설五先生禮說』(20권 7책)을 막 찬술하고 있었는데, 자료의 수집과 교열 및 분류 등의 일을 등암에게 맡겼다. 이후 1614년(광해군 6) 여름에 한강 선생이 대구의 사빈泗濱에서 『오선생예설』을 개수改修하면서 여러 문인에게 교열하여 베껴 쓰게 했는데, 이때 등암은 한 달 남짓 머무르며 작업을 도왔다. 또 한강 선생이 세상을 떠난 뒤인 1627년(인조 5) 겨울에 『오선생예설』을 교정하기도 하였다. 이렇듯 등암은 『오선생

『오선생예설』(국립중앙박물관 제공)

예설』을 편찬하고 교정하는 일에 주도적으로 참여하였다.

『오선생예설』은 한강 정구의 대표적인 저술로, 한강 예학의 특징적 면모를 가장 잘 보여 준다. 이 책은 송나라의 사마광司馬光·장재張載·정호程顥·정이程頤·주희朱熹 다섯 사람의 예설을 『의례경전통해儀禮經傳通解』의 사례에 의거하여 방례邦禮와 향례鄕禮와 가례家禮 및 잡례雜禮로 구분하여 선집한 것으로, 우리나라에서 중국 송대 학자들의 예설만 모은 예서로는 유일하다.

1606년(선조 39, 등암 33세) 봄에 등암은 무흘武屹에 가서 한강 선생을 뵙고 『주자대전朱子大全』을 강론하고, 이어서 원고를 교정하였다. 이는 새로 간행된 주자의 책에 잘못된 글자가 너무 많아서 한강 선생이 제자들을 시켜 한 번 강독한 뒤에 교정하도록 한 것이다. 등암이 다른 책에서 많이 수집해 서로 참고하여 잘못된 것을 바로잡자 한강 선생이 크게 칭찬하였다. 5월에는 한강 선생이 전란 뒤에 고을의 자제들이 학문을 놓칠까 염려하여 매월 초하루마다 통독通讀 강회를 열었다. 등암은 매번 아우 괴재 배상호와 함께 이 강회에 참석했는데, 한강 선생이 괴재를 "그대가 배자장의 아우인가?"라고 하고, 『대학』을 강독하게 하였다. 구두가 분명하고 글 읽는 소리가 낭랑하니, 한강 선생이 등암에게 "그대에게 훌륭한 아우가 있구려."라고 하였다.

1607년(선조 40, 등암 34세) 봄에 등암은 무흘산武屹山 아래, 회연檜淵 위에 뇌촌정사瀨村精舍를 지었는데, 이곳은 자연이 아름다울 뿐만 아니라 그가 한강 선생에게 왕래하는 데 편하였다. 그해 가을에 안동부사로 임지에 있던 한강 선생을 문안하였고, 이듬해인 1608년(선조 41, 등암 35세) 8월에 형조참판으로 휴가를 받아 회연에 와 있던 한강 선생을 찾아뵈었다. 1609년(광해군 1, 등암 36세) 가을에는 동문과 함께 무흘정사에서 독서하였다.

1610년(광해군 2, 등암 37세) 여름에 내암來庵 정인홍鄭仁弘(1536–1623)의 문인인 박이립朴而立이 한강 선생의 「전은소全恩疏」를 '무군無君'이라 무함하자 등암은 이를 변무하기 위해 소청을 마련하고 원근의 선비들과 함께 대궐 앞에 나아가 「변무소辨誣疏」를 올렸다. 그해 8월에 낙재樂齋 서사원徐思遠(1550–1615)·아헌啞軒 송원기宋遠器(1548–1615)·성재省齋 곽근郭赾(1554–?)과 함께 한강 선생을 모시고 김천에 있는 수도산修道山을 유람하였다.

1611년(광해군 3, 등암 38세) 봄에 한강 선생이 무흘산으로 가는 길에 모곡정사慕谷精舍에 들렀다. 함께 온 사람들이 정사의 구조를 보며 "누가 배자장이 경륜이 있다고 했나? 문과 창을 낸 것이 어찌 이리 어긋났을꼬."라고 하자, 한강 선생이 "동쪽 들창은 어머니 침실에 가깝고 북쪽 들창은 외할머니 방과 맞닿으니, 치밀한 설계를 그대들이 어떻게 알겠는가?"라고 하였다. 곧이어 등암은 한강 선생을 모시고 무흘정사에 들어갔다. 이때 추강秋江 남효온南孝溫(1454–1492)과 매월당梅月堂 김시습金時習(1435–1493)의 사적에 대해 논하였다. 이는 등암이 일찍이 호서湖西를 유람할 때 무량사無量寺를 방문하여 매월당의 행장을 본 적이 있었기 때문이다. 등암은 한강 선생에게 "김시습의 굳센 절개와 높은 기개는 당시의 충신과 의사보다 못하지 않은데, 추강 남효온은 「육신전六臣傳」을 지으면서 매월당을 언급하지 않았습니다. 후인이 「원생몽유록元生夢遊錄」을 지으면서 남추강을 보태어 넣었으나 역시 매월당을 언급하지 않았습니다. 어찌 유감스러운 일이 아니겠습니까? 지금 「장중승전후서張中丞傳後敍」를 모방하여 따로 하나의 전을 짓는 것은 어떻습니까?"라고 물었다. 이에 한강 선생은 "매월당의 절개는 높지만, 그 행적은 후세의 모범이 될 수 없을 듯하다. 또 『추강록秋江錄』에 그 전말이 매우 상세하게 나와 있는데 다만 자네가 보지 못했을 뿐이다."라고 하였다. 등암은 매월당의 높은 절개를 칭송하여 그의 전이 지어져야 한다고 보았지만, 한강 선생은 매월당의 행적이 후세의 모범이 될 수 없다는 이유로 부정적이었다.

등암은 한강 선생을 모시고 무흘정사 옆에 있는 산천암山泉庵을 유람하면서 남명南冥 조식曺植(1501–1572)이 뇌룡당雷龍堂과 산천재山天齋 등의 이름을 지은 이유에 관해 물었다. 이후 유람을 마치고 정사에 머물며 강학하였다. 등암은 재사의 승려가 적고 재물이 부족해 선생을 모시는 게 너무 소홀하여 걱정하자, 한강 선생은 "도에 뜻을 둔 선비는 이런 것을 근심하지 않는다."라고 하였다. 이때부터 등암은 곤궁한 것을 당연하게 여겨 비록 거친 음식을 먹고 낡은 옷을 입어도 개의치 않았다. 7월에 다시 회연초당檜淵草堂에 가서 한강 선생을 뵙고 머물며 강학하였다. 이때 과거 시험이 가까워 문하에 머물던 사람들이 모두 인사를 하고 떠났으나 등암만은 떠나지 않았다. 한강 선생이 "그대는 어찌하여 혼자 여기에 있는가?"라고 묻자, 등암은 "저는 기해년(1599) 이후로 과거 공부를 그만두었습니다."라고 대답하였다. 한강 선생은 한참을 탄식하며 안타까워하였다. 등암은 아버지 배설 장군이 복주된 이후 왕위원王偉元과 같은 지극한 애통함이 있어서 평생 관직에 나아가지 않았을 뿐만 아니라 훗날 자손들에게도 과거에 응시하지 말라고 유언하였다.

1612년(광해군 4, 등암 39세) 정월에 대구의 노곡蘆谷(현 대구시 북구 노곡동)으로 가서 한강 선생을 찾아뵈었는데, 한강 선생이 회연에서 노곡으로 거처를 옮겼기 때문이다. 1614년(광해군 6, 등암 41세) 정월에 화재로 노곡우사가 불에 타 소실되자 등암은 한강 선생을 방문하여 위로하였다. 이때의 화재로 한강 선생이 저술한 서적이 모두 타 버리고 『심경발휘心經發揮』만 온전하였다. 그해 여름에 등암은 노곡에서 사수泗水로 이사한 한강 선생을 다시 찾아뵈었다. 이때 한강 선생이 『오선생예설』을 수정하고 있어서 등암이 한 달 남짓 머물며 작업을 도왔다.

1615년(광해군 7, 등암 42세) 3월에 등암은 어머니상을 당하였다. 등암은 아버지의 묘소를 옮겨 합장하면서 절차를 하나하나 한강 선생에게 질의하여 처리하였다. 1616년(광해군 8, 등암 43세) 8월에 중풍을 앓아 영주의 초정椒井으로 온천욕을 떠난 한강 선생에게 심부름꾼을 보내 안부를 물었다. 당시 등암의 아우 괴재 배상호가 어머니상을 치르느라 병이 위독했는데, 한강 선생이 편지를 보내어 "지나친 슬픔으로 몸을 해쳐 병이 나게 하는 그런 짓을 군자는 하지 않으며, 함부로 슬픔만을 고집하다가 목숨을 잃는 자식을 군자는 자식이 없다고 말하는 것이네. … 부디 깊이 생각하고 살펴 처신하기를 간곡하게 바라 마지않네."라고 하며, 괴재의 건강에 대해 몹시 걱정하였다. 이를 통해 사제의 정이 얼마나 깊었는지를 알 수 있다.

1617년(광해군 9, 등암 44세) 7월에 등암은 동래로 온천욕을 떠나는 한강 선생을 도동서원까지 배행하고 돌아왔다. 「연보」에서는 1617년 7월에 한강 선생을 모시고 동래 온천에 갔다가 8월에 한강 선생을 모시고 돌아왔다고 하였다. 그러나 석담石潭 이윤우李

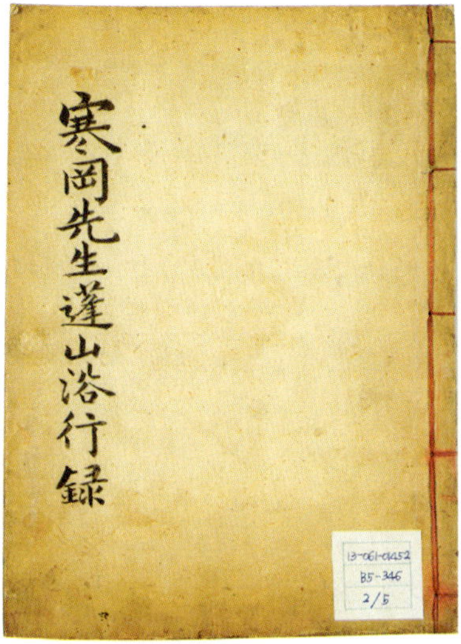

『봉산욕행록』(국립중앙박물관 제공)

潤雨(1569~1634)의 『석담집石潭集』 권4에 실려 있는 「봉산욕행록蓬山浴行錄」에 따르면, 등암은 행차의 출발일인 7월 20일에 한강 선생과 함께 금호강변의 지암枝巖에서 배를 타고 도동서원道東書院까지 배행했다가 7월 21일에 작별하고 돌아왔다. 한강 선생은 1615년 5월에 중풍에 걸려 오른쪽이 마비되었다. 그래서 중풍을 치료하기 위해 주로 온천욕을 다녔는데, 1617년 7월에 동래 온천에 가서 목욕하고 9월에 돌아왔다. 「봉산욕행록」은 한강 선생의 제자 석담 이윤우의 기록으로, 한강 선생이 제자들과 함께 동래 온천을 다녀온 46일간을 기록한 것이다.

행차 첫날인 1617년 7월 20일 한강 선생의 일행은 금호강변의 지암에서 배를 타고 부강정浮江亭을 지나 금호강 앞 여울에서 아침을 먹었다. 다시 고령의 원당포元堂浦에 도착하여 향소鄕所 사람들과 함께 술을 마셨다. 이때 신안현감新安縣監 만퇴헌晩退軒 김중청金中清(1566–1629)이 배행하는 제자들에게 시 한 편을 부쳤다. 완정浣亭 이언영李彦英(1568–1639)·석담 이윤우·등암 배상룡 등 10여 명의 제자가 각각 배 안에서 화답시를 지었다. 등암의 시는 다음과 같다.

배선생향봉래온천 도낙강주중 봉화김명부중청운陪先生向蓬萊溫泉到洛江舟中 奉和金明府中清韻

한가로이 배 띄운 낙동강의 가을	蘭舟閒泛洛江秋
선생님 모시고 먼 유람을 떠나네	忝對光風作遠遊
봉래산엔 예로부터 영약이 많다 하니	蓬萊從古多靈藥
응당 얼굴 젊어지고 백발이 검어지리	應取韶顏換白頭

– 배상룡裵尙龍, 『등암선생문집藤庵先生文集』

등암은 가을날 낙동강에 배 띄워 선생님을 모시고 동래 온천으로 향하는 먼 유람을 떠난다고 하였다. 동래는 곧 봉래산으로 불리는 곳이니 예로부터 영약靈藥이 많다고 알려져 있다. 그래서 선생님이 부디 영약을 먹고 온천욕을 하여 건강을 회복하고 젊음을 되찾기를 바라는 심정을 담았다. 이후 한강 선생의 일행은 덕산德山·쌍산雙山을 거쳐 수문水門에 도착했는데 이미 날이 저물었다. 다시 영파정暎波亭을 지나 도동서원에 내려서 그곳에서 하룻

도동서원

밤을 잤다. 이튿날인 21일에 한강 선생은 한훤당寒暄堂 김굉필金宏弼(1454-1504)의 묘소를 배알한 뒤에 배를 타고 출발하였다. 이때 등암·이시우李時雨·성안의成安義 등이 뱃머리에서 한강 선생과 작별하였다. 이렇듯 등암은 동래로 온천욕을 떠나는 한강 선생과 함께 출발했다가 이튿날 현풍의 도동서원에서 작별한 것이다.

그해 겨울에 등암은 사양泗陽에 가서 한강 선생을 찾아뵈었다. 하루는 한강 선생이 등암에게 "내가 「전은소全恩疏」를 올리려고 하는데 자네 생각은 어떤가?"라고 묻자, 등암은 "인륜의 대의는 부지하지 않을 수 없습니다."라고 대답하였다. 한강 선생은 즉시 등암에게 붓을 잡게 하고는 입으로 상소할 내용을 불렀다. 등암은 손을 멈추지 않고 받아쓰다가 간혹 격렬한 부분이 있으면 그때마다 "이 구절은 다시 생각해야 할 듯합니다."라고 아뢰었다. 그러면 한강 선생은 즉시 고쳐 불렀다. 상소문이 완성되어 올리려고 했는데, 정인홍의 사주를 받아 폐모론廢母論을 주장하던 유약柳瀹의 상소에 대해 주상이 "미안하다."라고 비답을 했으므로 소를 올리지 않았다. 또한 한강 선생이 퇴계 선생의 예의답문禮義答問을 분류하여 두 편으로 만들었는데, 등암은 교열에 참여하여 여러 날 머물며 교정하고 돌아왔다.

1619년(광해군 11, 등암 46세) 6월에 등암은 울산 초정椒井으로 떠나는 한강 선생의 행차를 모시고 울산에 갔다가 7월에 먼저 돌아왔고, 그해 8월에는 창원 해산정海山亭으로 사람과 말을 보내어 한강 선생을 맞이하였다. 한강 선생은 울산에서 등암에게 편지를 보내어 "가을이 깊은 바닷가에서 돌아가고 싶은 생각이 벌써 재촉하는구나! 그대들이 사람과 말을 마련하여 보내기를 기다렸다가 즉시 출발할 계획이다."라고 하였다. 그래서 등암이 이육李堉과 함께 사람과 말을 준비해서 보냈던 것이다.

1620년(광해군 12, 등암 47세) 정월 5일 사양의 지경재持敬齋에서 한강 선생이 세상을 떠났다. 등암은 오랫동안 한강 선생을 모시면서 가르침을 가장 많이 받아 생삼사일의 정성을 극진히 했는데, 한강 선생이 세상을 떠나자 등암은 특별히 심상삼년心喪三年을 지냈다. 다음은 그가 한강 선생을 애도하며 지은 만시 한 편이다.

사양정사(대구 북구)

한강선생만寒岡先生挽

반평생 가르침 받들며 외람되이 모셨는데　半生將命猥承顔
나의 외로움과 어리석음 가엾게 여기셨지　矜我孤危悶我頑
행할 수 있는 것으로 가르침을 주셨고　就所可行施教術
증상에 따라 영약을 처방해 주셨다네　隨其病處試靈丹
맑은 창에서 예를 강할 때 오피궤 받들고　晴囱講禮操烏几
밤 장막에서 등불 밝힐 때 편안히 모셨네　夜帳挑燈侍燕閒
언덕 위의 푸른 소나무와 연못가의 대나무　岡上蒼松淵上竹
백 년 지난 뒤 흐르는 눈물 어이 견딜까　百年經過詎堪潸

– 배상룡裵尙龍, 『등암선생문집藤庵先生文集』

앞의 만시에서 등암은 한강 선생이 자신의 외로운 처지를 가엾게 여기고 염려해 주신 사랑, 제자들의 성향에 따라 가르침을 주신 교육, 그런 스승을 곁에서 한결같이 모신 자신의 모습 등을 담담히 읊으며 홀연히 떠난 스승에 대한 그리운 마음을 절절하게 드러내었다. 그는 그해 4월에 사양으로 달려가 한강 선생의 영구를 받들고 숙야재夙夜齋 옆 기슭에 반장返葬하였다. 상례와 장례를 모두『의례儀禮』에 따라 거행하였다.

등암은 17세에 한강의 문하에 입문한 뒤로부터 47세에 한강 선생이 작고하기까지 참으로 부지런히 스승을 모셨다. 특히, 29세 이후 20년 동안은 설날과 동지의 정기적인 문안을 제외하고도 거의 해마다 한강 선생과 교류했으니 참으로 애틋한 사제관계였다. 난리 중에도 스승을 찾아뵈었고, 무함을 받은 스승을 위해 복궐 상소도 했다. 스승의 저술을 도왔으며, 신병의 치유를 위해 온천으로 떠나는 스승을 배행하기도 했다. 스승에 대한 등암의 마음은 스승이 돌아가시고 난 뒤에 더욱 절절하고 부지런하였다.

1621년(광해군 13, 등암 48세) 겨울에 그는 동호東湖 이서李紓·박명윤·죽헌竹軒 최항경崔恒慶·백천白川 이천봉李天封·심원당心遠堂 이육李堉 등의 동문과 함께 회연초당의 백매원百梅園에 모여 한강 선생의 문집을 교정하고 간행하는 일을 주관하였다. 1622년(광해군 14, 등암 49세) 3월에는 퇴계를 모신 연경서원研經書院에 한강 선생의 위판을 배향했고, 그해 겨울에는 동문과 함께 백매원에 모

회연서원(성주)

여 한강 선생의 유허에 회연서원檜淵書院을 세우기로 결의하였다. 사림은 죽헌 최항경을 원장으로, 등암을 부원장으로 각각 추대하였다. 1623년(인조 1, 등암 50세) 여름에 등암은 최항경·이서·박명윤 등의 동문과 함께 한강 선생의 『언행록言行錄』을 편찬하였다. 그는 평소 보고 들은 것을 기술했는데, 모두 30여 조항이었다. 그 해 6월에는 이조판서에 증직된 한강 선생의 치제致祭에 참석하였다. 1624년(인조 2, 등암 51세)에는 관찰사를 통해 조정에 장계를 올리고, 10월에 윤허를 받아 한강 선생을 성주의 천곡서원川谷書院에 배향하였다.

1625년(인조 3, 등암 52세) 봄에는 회연에 가서 서원의 공사를 살폈고, 1626년(인조 4, 등암 53세) 봄에는 한강 선생의 문집을 편집하고 정리했으며, 거창居昌으로 가서 한강 선생의 신도비 빗돌을 다듬었다. 1627년(인조 5, 등암 54세) 여름에 회연서원이 완성되었는데, 공사가 시작된 지 6년 만이었다. 당堂·실室·문門·무廡가 가지런하게 질서정연하고, 원垣·장墻·계階·급級이 높낮이가 일정하였다. 한 조각의 돌이나 한 장의 벽돌도 모두 등암이 점검하고 지휘하지 않은 것이 없었다. 이어서 등암은 인동仁同의 부지암不知巖에 가서 여헌 선생을 뵙고 한강 선생의 봉안문을 부탁하였다. 그해 9월 4일에는 한강 선생의 위판을 회연서원에 봉안하였다.

그해 겨울에 한강 선생의 『오선생예설』을 교정하였다. 동문과 함께 투암投巖 채몽연蔡夢硯(1561-1638)에게 편지를 보내 한강 선생의 「연보」를 부탁하고, 또 석담 이윤우에게 편지를 보내 상촌象村 신흠申欽(1566-1628)의 「신도비명神道碑銘」을 받아 달라고 부탁하였다. 1628년(인조 6, 등암 55세) 봄에는 동문과 함께 회연서원에서 한강 선생의 문집을 간행하는 일을 시작하여 이듬해 10월에 마쳤다. 1630년(인조 8, 등암 57세) 정월에 한강 선생의 「연보」를 교정하여 간행하였고, 또 현풍의 도동서원에서 한강 선생을 배향하려 한다는 소식을 듣고 향교에서 의논하여 편지를 보내어 제지하였다. 그해 2월에 거창으로 가서 성주목사가 보내 준 일꾼과 해인사海印寺 승려와 함께 한강 선생의 신도비를 창평산蒼坪山 아래까지 운반해 왔다.

한강 정구 신도비

1632년(인조 10, 등암 59세) 7월에 등암은 현풍현감 동명東溟 김세렴金世濂과 함께 용연사龍淵寺에 모여『심경발휘心經發揮』를 강론하였다. 강론을 마친 뒤에 김세렴이 돌아가면서 "한강 선생이 남긴 가르침과 모범을 그대들에게서 입증할 수 있겠소."라고 감탄하였다. 1633년(인조 11, 등암 60세) 봄에 한강 선생의 강학처인 무흘정사를 증축하였다. 등암은 무흘정사의 산장이었는데 이곳의 재사가 무너지자 옛 건물보다 넓혀 증축하였다. 한강 선생을 애호하는 마음이 지극하여 풀 한 포기, 나무 한 그루도 직접 심고 북돋으며 물을 주었다. 그해 4월에 등암이 모든 것을 계획하고 지휘하여 한강 선생의 묘소 아래에 신도비를 세웠다.

등암은 자신이 47세일 때 한강 선생이 작고하고부터 60세가 될 때까지 14년 동안 스승을 흠모하는 도리에 최선을 다하였다. 심상삼년을 입고, 스승의 배향과 회연서원의 창건, 문집과 연보의 간행, 신도비의 건립, 무흘정사의 증축 등을 모두 주관하여 수행하였다. 한강 선생에 대한 사랑과 존경이 없었다면 불가능한 일이었을 것이다. 이후로도 「연보」에 등암이 78세(1651년)까지 회연서원을 배알한 기록이 있는 것을 보면, 기록에 남지 않은 무수한 일상에서 한강 선생에 대한 기림이 있었을 것이다.

2) 아버지처럼 받은 스승, 여헌 장현광

등암은 한강 선생이 세상을 떠난 뒤에 그 빈자리를 감당할 수 없어서 다시 여헌 선생을 스승으로 모셨다. 여헌 선생이 재취한 야로송씨冶爐宋氏는 송정宋淨의 딸인데, 송정은 등암의 외조부 송원宋源의 아우였으므로 여헌 선생은 등암의 종이모부였다. 등암은 18세 때(1591년) 외가에 갔다가, 처가에 온 38세의 여헌 선생을 처음 만났다. 여헌 선생은 등암과 이야기를 나누고 매우 기뻐하며 "그대는 훗날 반드시 큰 선비가 될 것이네!"라고 하였다. 1600년(선조 33, 등암 27세) 5월에 여헌 선생은 아버지상 중이던 등암에게 편지를 보내어 위로하였고, 1604년(선조 37, 등암 31세) 2월에는

모원당(2010년도 경북대학교 영남문화연구원 종가연구팀 촬영)

여헌 선생이 한강 선생과 함께 등암의 조부상에 와서 조문하였다. 1606년(선조 39, 등암 33세) 봄에 등암은 인동의 모원당慕遠堂에 가서 여헌 선생을 문안하고 이틀을 묵은 뒤에 돌아왔다. 1610년(광해군 2, 등암 37세) 겨울에 여헌 선생이 모곡정사를 방문하였다. 이때까지는 등암과 여헌 선생은 인근에 거처하는 동문의 선후배로서 또는 인척으로서 서로 내왕했던 것 같다.

등암이 언제 집지執贄했는지 정확하게 알 수 없으나 등암 「연보」에 따르면, 1626년(인조 4, 등암 53세) 6월에 부지암정사不知巖精舍에 가서 여헌 선생을 뵈었다고 하면서 한강 선생이 작고한 뒤에 다시 여헌 선생의 문하에 나아가 가르침을 받아 한강 선생을 모시듯이 여헌 선생을 모셨다고 하였다. 아마 이때 즈음에 집지한 것으로 보인다.

1627년(인조 5, 등암 54세) 정묘호란 때 등암은 경상우도호소사였던 여헌 선생의 참모관이 되어 군무에 참여했을 뿐만 아니라 초유문을 짓기도 하였다. 그해 여름에 부지암정사로 가서 여헌 선생을 뵙고 한강 선생의 봉안문을 부탁하였다. 이때 한강 선생에 관한 모든 글은 대부분 여헌 선생이 지었는데, 사람들이 여헌 선생에게 묻거나 부탁할 일이 있을 때마다 모두 등암에게 미루었다. 등암이 여러 번 왕래하면서 자기 생각을 모두 전달했을 뿐만 아니라 의심스럽거나 모르는 것이 있으면 여헌 선생에게 물었기 때문에 등암은 스스로 "여헌 선생이 계발하고 격려해 주신 진지함은 한강 선생과 다름이 없다."라고 고백하였다.

1630년(인조 8, 등암 57세) 8월에 부지암정사로 가서 여헌 선생을 뵈었고, 1634년(인조 12, 등암 61세) 5월에 공조판서에 임명된 여헌 선생을 축하하기 위해 부지암정사에 갔다. 1635년(인조 13, 등암 62세) 가을에 영천永川으로 가서 입암立巖(현재의 포항시 북고 죽장면 입암리의 선바위) 일대를 유람했는데, 이곳에 여헌 선생이 터를 잡은 입암정사立巖精舍가 있다. 1636년(인조 14, 등암 63세) 12월에 병자호란이 발발하자 여헌 선생이 의병을 일으켜 등암을 여러 번 불렀으나 순찰사 심연이 문경에서 공문으로 등암을 불러 순찰사의 군막에서 종사관으로 공무를 수행하였다. 1637년(인조 15, 등암 64세) 7월에 영천의 입암에 가서 여헌 선생을 뵈었다. 이때 여헌 선생은 남한산성南漢山城의 소식을 듣고 그날 즉시 선영에 하직하고 입암으로 돌아갔다.

7월 보름날 저녁에 등암은 직접 남녀藍輿를 메고 피세대避世臺에서 여헌 선생을 모시고 유람하며 며칠 머물렀다. 9월에 여헌 선생이 입암의 만욱재晚勖齋에서 세상을 떠났다. 등암은 병환 소식을 듣고 밤낮으로 말을 몰아 왔는데, 겨우 수십 리를 남겨두고 부음을 접하였다. 급히 달려가 발상한 뒤에 염습을 직접 하였다. 10월에 다시 영천으로 가서 여헌 선생의 상여를 모시고 인동으로 돌아왔다. 12월에 인동으로 가서 여헌 선생을 금오산 아래 오산동吳山洞에 장사 지냈다. 1639년(인조 17, 등암 66세) 인동으로 가서 여헌 선생의 위판을 오산서원吳山書院에 배향하였다. 1642년(인조 20, 등암 69세) 여헌 선생을 천곡서원에 배향했는데, 위차가 잘못된 것을 바로잡고 글을 지어 고유하였다. 1649년(인조 27, 등암 76세) 가을에 오산서원에 가서 배알하였고, 1654년(효종 5, 등암 81세) 3월에 인동으로 가서 간송澗松 조임도趙任道(1585–1664), 만회당晚悔堂 장경우張慶遇(1581–1656) 등의 문인들과 여헌 선생을 모실 서원 창건에 대해 의논했으나, 이듬해(1655년) 8월 28일에 등암이 82세로 세상을 떠났다. 등암이 세상을 떠나고 불과 한 달 뒤에 부지암서원이 낙성되어 여헌 선생의 위패가 주벽으로 봉안되었다. 부지암서원은 1676년(숙종 2) 동락서원東洛書院으로 사액되었다. 다음은 등암이 여헌 선생에게 올린 제문의 마지막 단락으로 떠나보내는 스승에 대한 애통한 마음이 절절하다.

만사가 그만이니, 오히려 무슨 말을 하겠습니까! 유택이 이미 마련되고 발인이 다가오니 의관衣冠을 장차 묻게 되면 산 사람과 죽은 사람이 영원히 막히게 됩니다. 지난날을 생각하면 여전히 아련하여 귀에 들리는 듯 눈에 보이는 듯하지만 아득하여 정처가 없고 막막하여 접할 길이 없으니, 부여잡고 통곡해도 따라잡을 수 없어 오장五藏이 갈라지는 듯합니다. 한 잔 술을 올리고 한목소리로 통곡하니 어찌 저의 심정을 다할 수 있겠습니까? 아! 슬픕니다.

– 배상룡裵尙龍, 「제여헌선생문祭旅軒先生文」, 『등암선생문집藤庵先生文集』

등암은 30년 동안 한결같이 한강 선생을 스승으로 받들었고, 한강 선생이 세상을 떠난 뒤에는 10년 넘게 여헌 선생을 스승으로 섬겼다. 그들이 세상을 떠난 뒤에는 본인이 죽을 때까지 80세의 노구를 이끌고 스승을 기리는 사업을 추진하였다. 스승이 살았을 때나 죽었을 때나 본인이 젊었을 때나 늙었을 때나 변함없는 정성으로 등암은 또 하나의 생삼사일을 실천하였다.

생삼사일의 삶,
등암 배상룡

5 남쪽으로 출정하던 늠름한 아버지

등암에게 아버지 배설 장군은 아픔이자 회한이었다. 등암이 10살이던 1583년에 무과 별시에 급제한 아버지는 벼슬살이로 인해 늘 집을 떠나 있었다. 아버지가 한양에서 벼슬할 동안 어린 등암은 고향에서 아버지를 대신해 조부모를 봉양하고 가끔 한양으로 가서 아버지를 문안하였다. 임진왜란이 발발하자 등암은 1592년 6월에는 전라도 광양에서 근무하던 아버지를 찾아뵈었고, 8월에는 아버지를 모시고 화왕산성으로 들어가 곽재우의 의진에 합류하였다. 이듬해 7월에는 아버지를 배종하여 부상역 전투에 참여하였고, 1594년 봄에는 동래현령으로 부임한 아버지를 찾아뵈었으며, 가을에는 진주목사로 이임한 아버지를 다시 찾아뵈었다. 1595년에는 선산부사로 금오산성을 수축하던 아버지를 도왔고, 여름에는 경상우수사로 승진한 아버지를 우수영에서 배종하였다. 1597년에 정유재란이 발발하자 우수영으로 달려가 아버지의 군무에 참여하였다.

1599년에 아버지가 한양에서 참화를 당하자, 등암은 아버지의 영구를 모시고 남쪽으로 돌아왔다가, 5월에 낙동강 하류에 임시로 매장하였다. 등암은 아버지가 비명에 가신 것을 애통해하며 물도 입에 대지 않고 상복도 벗지 않은 채 슬프게 부르짖으며 목숨을 끊으려 하였다. 그러나 겨우 6살인 아우 배상호가 자신처럼 상례를 치르다가 병에 걸려 목숨이 위태로워지자, 등암은 자신의 손가락에 피를 내어 아우에게 먹이고 약을 구해 먹여 살렸다. 3년의 집상 기간 동안 피눈물로 보내느라 몸이 수척하여 뼈만 남아서 목숨을 보전하지 못할 것만 같았다. 그러나 위태로운 지경을 겨우 넘기고 상제를 마치자 사람들이 모두 효성에 감동하여 하늘이 도우신 것이라고 하였다.

등암은 아버지가 작고한 뒤로는 화려한 것을 매우 싫어하였다. 그래서 입고 쓰는 모든 것은 소박한 것을 사용할 뿐 사치스럽거나 아름다운 물건은 가까이하지 않았다. 게다가 1601년 3월에 할아버지에게 아뢰어 과거 공부를 그만두고 두문불출하였다. 등암은 『시경』「소아·육아」 편을 읽고 깊이 공감하여, 세상에 뜻이 없어 두문불출하며 오직 어버이 봉양과 아우의 공부 지도만 신경을 썼다. 『시경』「소아·육아」 편은 부모의 은혜는 하늘처럼 무궁하여 덕으로써 갚으려 해도 알지 못하겠다는 내용으로, 부모를 제대로 봉양하지 못한 자식이 부모를 생각하며 슬퍼하는 마음을 읊은 것이다.

등암의 어머니는 참변을 당한 뒤로부터, 슬픔으로 몸이 상해 병이 들었는데 해가 갈수록 위독하였다. 이에 등암은 띠를 풀지 않은 채 곁에서 지극정성으로 어머니를 간호하였다. 궁핍한 살림에도 맛있는 음식으로 어머니를 봉양하고 세심하게 보살피며 사랑과 공경을 지극히 하였다. 할아버지를 섬길 때도 잠시도 곁을 떠나지 않으며 할아버지 뜻에 맞도록 힘쓰는 등 지극정성으로 보살핀 덕분에 할아버지가 편안할 수 있었다.

아우와는 같은 밥상에서 밥 먹고 한 이불에서 잠자며 아우를 마치 어린아이를 돌보듯이 보살폈다. 특히, 아우 교육에 매우 부지런하였다. 아우가 잘못하면 회초리로 때리기도 하고, 또 아파하는 아우를 보고 불쌍하게 여겨 그때마다 끌어안고 울었다. 한번은 아우가 공부를 빼먹자 등암이 눈물을 흘리며 "집안이 불행한 일을 당해 내가 이미 집안일을 이어받았다. 집안의 희망은 오직 네게 달렸건만 네가 지금 이렇게 하니 내가 누구를 믿겠느냐?"라고 하자, 아우가 더욱 학업에 부지런하여 큰 성취를 이루었다. 등암은 참혹한 화를 당한 이후 두문불출하며 실의에 빠졌으나 그에게는 할아버지, 어머니, 어린 아우 등 돌봐야 할 가족이 많았다. 그래서 아버지를 대신해 집안일을 짊어지고 가족의 슬픔을 위로하며 그들의 깊은 상처를 치료하는 데 최선을 다하였다.

광해군이 새로 등극한 이듬해인 1610년에 조정에서 배설 장군을 신원하려는 의논이 있어, 등암은 즉시 한양으로 갔다. 한양의 사대부들이 등암이 왔다는 소식을 듣고 앞다투어 와서 안부를 물었다. 2월에 승정원에서 논계論啓하니, 신원을 특명하고 표창하여 가선대부 호조참판을 추증하였다. 이때 한양의 여러 사람이 등암의 효성에 감동하여 배설 장군에 대해 알건 모르건 간에 모두 한결같은 말을 함으로써 신원을 하고 추증을 받을 수 있었다고 한다. 이를 통해 등암이 한양에서 아버지의 억울함을 풀기 위해 얼마나 노력했는지 엿볼 수 있다. 등암이 증직의 직첩을 들고 고향으로 돌아와 분황제焚黃祭를 거행하자, 등암이 돌아왔다는 소식을 듣고 축하하러 모인 사람이 수백 명이었다. 분황제를 마치고 등암과 괴재 형제가 제사상 앞에 서서 비 오듯이 눈물을 쏟아 내자 보는 이들이 모두 탄식하였다. 이전에 임시로 낙동강변에 묻었던 아버지의 묘소를 이해 겨울에 송동松洞 선영으로 옮겨 모셨다. 1615년 3월에 어머니가 돌아가시고, 5월에 주현酒峴의 선영 아래에 장사 지낼 때 아버지의 묘소를 옮겨 한 묘소에 합장하였다.

1621년 등암은 경남 합천에 있는 부자연父子淵이라는 못을 지나면서 그 옛날 아버지를 모시고 그곳을 지나던 일을 추억하며 「강양의 부자연을 지나다가 감회가 있어서[過江陽父子淵有感]」라는 시 한 수를 읊었다.

강양의 부자연을 지나다가 감회가 있어서[過江陽父子淵有感]

옛날 아버지가 여길 지날 때가 생각나네 憶昔嚴君此路行
높은 깃대 큰 깃발 세워 남쪽으로 출정했지 高牙大纛向南征
필마를 타고 강가의 길에 다시 와 보니 匹馬重臨江上路
부자라는 못 이름에 삶을 탐한 게 부끄럽네 淵名父子愧貪生

– 배상룡裵尙龍, 『등암선생문집藤庵先生文集』

등암은 임진왜란 때 무관으로서 왜적을 물리치기 위해 남쪽으로 출정하던 늠름한 아버지를 추억하였다. 반면에 목숨을 탐내어 48세의 나이까지 구차스럽게 살고 있던 자신을 부끄러워하였다. 등암이 기억하는 아버지는 죽음 따위를 두려워하지 않는 호방한 기상의 장수였다. 이렇게 등암은 피를 토하는 정성으로 또 하나의 생삼사일을 실천했던 효자였다.

6 망년지교와 개산 나루의 모임

등암은 17세에 한강 선생의 문하에 입문한 이후 30년 동안 한결같이 한강 선생을 스승으로 받들었고, 한강 선생이 세상을 떠난 뒤에는 10년 넘게 여헌 선생을 스승으로 섬겼다. 그래서 교유한 인물들이 대부분 한강 선생과 여헌 선생의 문인들이었다.

선배로는 아헌啞軒 송원기宋遠器(1548–1615), 낙재樂齋 서사원徐思遠(1550–1615), 외재畏齋 이후경李厚慶(1558–1630), 죽헌竹軒 최항경崔恒慶(1560–1638), 투암投巖 채몽연蔡夢硯(1561–1638), 인재訒齋 최현崔晛(1563–1640) 등이 있다. 특히, 송원기와 서사원은 등암에게 용기를 주고 가르침을 준 것이 많아, 등암이 이 두 사람을 평생 존경하고 흠모한 것이 스승에 버금갈 정도였다.

동년배로는 사옹槎翁 박명윤朴明胤(1566–1649), 동호東湖 이서李䥠(1566–1651), 완정浣亭 이언영李彦英(1568–1639), 석담石潭 이윤우李潤雨(1569–1634), 백천白川 이천봉李天封(1567–1634), 심원당心遠堂 이육李堉(1572–1637), 죽포竹圃 이현룡李見龍(1580–1654) 등과 도의道義로 사귀었다. 특히, 박명윤은 등암의 자형으로, 1590년 설날 아침에 17세이던 등암을 데리고 한강 선생을 찾아뵈었던 인물이다.

후배로는 간송澗松 조임도趙任道(1585–1664), 기옹畸翁 박공구朴珙衢(1587–1658), 미수眉叟 허목許穆(1595–1682) 등이 있다. 게다가, 11살 차이의 조임도와 21살 차이의 허목과는 망년지교忘年之交(나이 차이를 잊고 맺어지는 친밀한 관계)를 맺어 매우 친밀하였다. 여기서는 등암이 두 사람과 사귄 아름다운 우정에 대해 살펴보겠다.

등암이 미수 허목을 처음 만난 것은 40세 때인 1613년(광해군 5) 4월이다. 당시 고령현감이었던 미수의 아버지 허교許喬가 자신의 아들인 허목의 관례를 치르면서 등암을 초청했는데, 등암이 초청에 응하면서 처음 만난 것이다. 등암은 미수를 한번 보고는 그가 원대한 포부를 성취할 인물임을 알고, 미수에게 책을 건넨 뒤로부터 나이를 잊은 채 그와 마음을 터놓고 사귀게 되었다.

1631년(인조 9, 등암 58세) 봄에 역적의 수괴인 이인거李仁居(?–1627)가 등암이 성주에서 명망이 있음을 알고 무고하였다. 그래서 등암이 인재 최현과 함께 체포되어 한양으로 압송되었다가 심연沈演 등 많은 사람의 노력 덕분에 풀려난 일이 있었다. 이인거는 인조반정 이후 세자익위사익찬世子翊衛司翊贊에 임명되었으나 나아가지 않고 강원도 횡성橫城에 은거하였다. 그러다가 1627년 정묘호란 때 화친을 주장한 집권 세력을 숙청하고 오랑캐를 정벌하겠다는 명분으로 반란을 일으켰다가, 곧바로 원주목사 홍보洪寶에게 잡혀 한양에서 처형된 인물이다. 등암은 자신이 체포되었을 때 집안사람들에게 명하여 『오선생예설』 한 부를 짐 속에 넣게 하면서 "몇 년 전에 내가 허화보許和父(허목)에게 주기로 약속하였다. 비록 죽을 처지에 놓였지만 어떻게 약속을 저버릴 수 있겠느냐?"라고 하였다. 등암이 한양에 압송되었을 때 미수가 찾아와 문안하였다. 등암이 『오선생예설』을 그에게 주자, 미수는 "공과 같은 분은 참으로 죽더라도 신의信義를 잃지 않는 사람이라 할 만합니다."라고 하며 감탄하였다.

1647년(인조 25) 7월 미수가 연천漣川에 있을 때 의령에 계시던 어머니가 세상을 떠났고, 미수는 9월에 상여를 모시고 문경새재를 넘어 10월에 연천漣川으로 돌아왔다. 등암은 미수가 회연서원이 있는 양정陽亭을 지나게 된다는 소식을 듣고, 당시 회연서원 원장인 박공구에게 편지를 보내어 이렇게 말하였다.

> 우리의 벗인 허목이 며칠 전에 연천에서 의령으로 달려가 곡하였습니다. 그 벗의 소식을 형도 대략 알다시피 우리 선사先師(한강 정구)를 진실한 마음으로 추모하는 사람입니다. 매양 왕래할 때마다 사당에 알묘하는데, 돌아가는 길임을 따지지 않고 반드시 매우 공손하고 엄숙하였습니다. 우리가 비록 평상시라도 대수롭지 않게 보아서는 안 되는데, 하물며 이렇게 부모상을 당했으니 어찌 차마 무심할 수 있겠습니까? 뜨거운 햇볕을 쬐고 안개

와 이슬을 맞으며 천릿길을 슬피 통곡하니 어떻게 목숨을 부지할 수 있겠습니까? 제 생각에는 서원에서 부의賻儀를 대략 갖추어 심부름꾼을 시켜 위로한다면 사리에 어찌 합당하지 않겠습니까! 게다가 그가 본 서원의 앞길을 지나가니 더욱 마음을 쓰지 않을 수 없습니다. 아량을 베풀기를 간절히 바랍니다.

– 배상룡裵尚龍, 「여박기옹(공구)與朴畸翁(珙衢)」, 『등암선생문집藤庵先生文集』

미수는 항상 고향을 왕래할 때마다 둘러 가는 길임에도 불구하고 꼭 회연서원에 들러 사당에 참배하였다. 이런 미수에 대해 등암은 늘 고마운 마음을 가지고 있었는데, 이렇게 어머니상까지 당했으니 회연서원 차원에서 부의하여 실의에 빠진 그를 위로해 주길 바란다고 회연서원 원장에게 편지를 보낸 것이다. 이뿐만 아니라 등암은 미수가 어머니의 상여를 모시고 대구 달성의 하산霞山(현 대구광역시 달성군 하빈면 하산리)으로 길을 잡았다는 소식을 듣고 편지를 써서 부의를 하고 두 아들을 보내어 조문하였다. 이후에도 등암은 여러 번 미수에게 편지를 보내어, 한번 만나기를 바란다고 하였다. 이런 인연으로 후에 등암이 세상을 떠났을 때 미수는 묘갈명과 만사를 지었을 뿐만 아니라 묘비의 비액碑額에 전서로 '등암배공묘비藤庵裵公墓碑'라고 써 주어 그에 대한 존모의 마음을 드러내고 묘비의 신성함을 더해 주었다.

한편, 1642년(인조 20) 겨울 간송 조임도는 선산善山으로 성묘 갔을 때 등암의 집에 들러 하룻밤을 잤다. 등암은 여헌의 문하에서 간송을 만나 교분을 맺고 나이를 잊은 채 벗으로 교유했는데, 편지를 주고받으며 매우 존중하였다. 이런 인연으로 간송이 등암의 집을 방문한 것이다. 이때 등암은 낙상落傷으로 생긴 어혈瘀血 때문에 앉거나 누울 때 사람의 부축이 필요할 정도로 고생하고 있었다. 그런데도 이틀 동안 간송과 밤새워 이야기를 나누며 회포를 풀었다. 작별하는 날 아침에 등암은 아픈데도 회연서원까지 나아가 간송과 헤어졌다. 등암은 깊은 정을 걷잡을 수 없어 간송의 손을 잡고 "그대는 예순에 가깝고 나는 일흔이 다 되었는데, 인간 세상에 자취를 남기는 게 앞으로 얼마나 되겠는가? 어떻게 하면 죽기 전에 다시 만날 수 있겠는가?"라고 하며 탄식하였다. 이에 간송이 "노년에 먼 길을 오는 것은 참으로 어렵습니다. 그래도 그만둘 수 없다면 한 가지 방법이 있습니다. 고령의 개산開山 나루는 도동서원道東書院 하류에 있고, 소나무 숲과 백사장 가의 물이 매우 아름답습니다. 이곳에서 가고 저곳에서 오면 거리가 같고 수고로움도 같습니다. 만나려면 이곳이 어떻습니까?"라고 하자, 등암이 "좋습니다!"라고 하여, 드디어 개산 나루의 모임이 정해졌는데, 바로 1643년(인조 21) 3월 17일이었다.

개산 나루의 모임이 정해지자, 등암은 당시 창원에 있던 미수에게 편지를 보내어 지난겨울에 간송이 자신을 찾아와 이틀을 묵으면서 회포를 풀었다고 하면서 3월 17일에 고령의 개산 나루에서 모임을 하기로 했으니, 별일이 없으면 조혜연趙惠然과 함께 와서 동문의 기쁨을 만끽하자고 하였다. 이에 미수 역시 오랜만에 등암의 편지를 받고 너무나도 기쁠 뿐만 아니라 자신 역시 강가에서의 유람을 즐거워하므로 반드시 참석하겠다고 답장을 보냈다. 모임이 있기 두 달 전 등암은 다시 간송에게 편지를 보내어 개산 나루의 모임이 이제 두 달밖에 남지 않아 그날을 손꼽아 기다리고 있다며 설레는 마음을 전하였다.

3월 17일 모임 날에 등암은 오전에 먼저 도착해 기다리고 있었는데, 그와 함께 온 사람은 배원명裵元明, 배세안裵世安(배상호의 장남), 영모암永慕菴 김시영金是瑩(등암의 생질), 정유도鄭惟燾(정구의 손자) 등이다. 간송은 말 한 필, 노복 둘, 술 한 병, 밥그릇 다섯 개를 갖춰서 조석曺碩과 함께 아침에 출발하여 저녁에 개산 나루에 도착하였다. 등암과 간송은 강을 두고 서로 바라보자 눈시울이 붉어졌으나, 이윽고 백사장에서 기쁜 마음으로 웃으며 만났다. 함께 만나기로 한 미수는 병이 나서 참석하지 못하였다. 훗날 등암은 미수에게 편지를 보내어 개산 나루에서 만나지 못한 안타까움과 서운한 마음을 전하면서 회연서원을 참배할 때 한번 만났으면 좋겠다는 바람을 전하였다. 이날 모임에서 등암은 먼저 술 한 잔을 따라 주며 멀리서 온 간송을 위로한 다음 다른 사람에게도 한 잔씩 돌렸다. 간송이 한 잔씩 돌리려고 하자 날이 저물어 그만두었다. 잠시 뒤에 먹구름이 사방에서 모여들어 가랑비가 보슬보슬 내렸다. 모두 "나룻가의 작은 집은 아주 비좁은 데다가 하늘에서 비까지 오려고 하니 조물주가 우리의 좋은 모임을 훼방하여 아름다운 정취를 깨뜨리려는 것이 아니겠습니까?"라고 한 뒤에 계획을 바꾸어 도동서원의 재실로 자리를 옮겨 쉬었다.

이날 밤에 비가 계속 내렸다.

이튿날 18일 새벽에 찰방 사우당四友堂 김대진金大振(1571–1644)이 찾아왔다. 그는 73세의 나이로 수염과 눈썹은 하얗고 풍채는 청수하며 어깨와 등은 꼿꼿하고 걸음걸이는 가볍고 강건하여 건장한 장년도 미칠 수 없을 정도였다. 이 사람은 문경공文敬公 김굉필金宏弼의 봉사손奉祀孫으로 서원 옆에 살았다. 간송이 아침밥을 먹기 전에 제현들을 위해 술을 다섯 순배 돌렸는데 등암은 취해 누웠다. 거창居昌의 진사 서숙徐翻이 마침 지나다가 잠시 들러 회포를 풀고 헤어졌다. 성주의 벗 중에 모임에 온 사람은 낙수洛叟 곽위국郭衛國·참봉 곽이창郭以昌·상사 곽홍재郭弘栽였는데, 곽홍재는 막 도동서원 원장이 되었다고 하였다. 이 외에 소식을 듣고 찾아온 젊은이가 10명쯤 되었다. 처음에는 그날 헤어지려고 했으나 내리던 비가 빨리 개지 않고, 또 주인의 제지를 받았으며, 게다가 사우당 김대진이 원장과 함께 계속 술자리를 마련하여 대화를 나누다 보니 하루해가 저물었다.

그다음 날 간송은 시복時服(당시의 예복)을 착용하고서 사당에서 참배하고 강가로 걸어 나와 여러 벗과 작별하였다. 등암과 간송 일행은 배를 타고 곧장 내려와 개산 나루에서 처음 만났던 곳으로 돌아왔다. 찰방 김대진은 석별의 정을 지닌 채 배를 타고 뱃길을 돌렸다. 곽위국이 막걸리 한 병으로 배 위에서 술잔을 돌렸는데, 등암은 조카에게 남은 술을 다 마시게 하였다. 간송 역시 석별의 정을 머금고 물끄러미 바라보다가 등암의 뜻에 따라

주량껏 마셨다. 이윽고 강가에서 모두 헤어졌다. 등암은 강을 사이에 두고 떠나가는 간송을 바라보며 슬프고 아득한 회포를 가눌 길이 없었다. 간송은 곽위국과 함께 쓸쓸히 돌아가 그의 집에서 함께 자고 새벽에 집으로 돌아갔다. 간송은 개산 나루의 모임을 생각하면 참으로 잊을 수 없고, 잊을 수 없는 중에 느끼는 바가 많다고 하였다.

한편, 작별하기에 앞서 등암은 간송에게 글을 지어 개산 나루의 모임에 대해 기록하라고 부탁했을 뿐만 아니라 4월에 편지를 보내어 다시 한번 부탁하였다. 이에 간송이 「개진기회록開津期會錄」을 지어 보내오자, 등암은 "개산 나루에서 모였다 헤어진 것이 그대의 훌륭한 문장에 힘입어 사라지지 않게 되어 매우 다행입니다. … 반복해서 음미하고 싶어서 책상에 놓아 두니, 마음을 편안하게 하는 것이 있습니다. 너무 부끄럽고 감사합니다."라고 하며 무척 좋아하였다. 미수는 1643년 8월에 용화산龍華山에 사는 간송을 방문했는데, 이때 간송이 「개진기회록」을 보여 주었다. 미수는 개산 나루의 모임에서 등암과 간송 두 사람을 만나 식견이 넓은 가르침을 듣지 못한 것을 몹시 안타까워하며 「개진기회록발開津期會錄跋」을 지었다.

「개진기회록」과 「개진기회록발」을 통해 등암과 간송, 그리고 미수 세 사람이 나이를 잊고 서로 존중하며 사귄 '망년지우'와 천리 먼 곳에 떨어져 있으면서 정신적으로 교유한 '천리신교千里神交'의 아름다운 우정을 볼 수 있다.

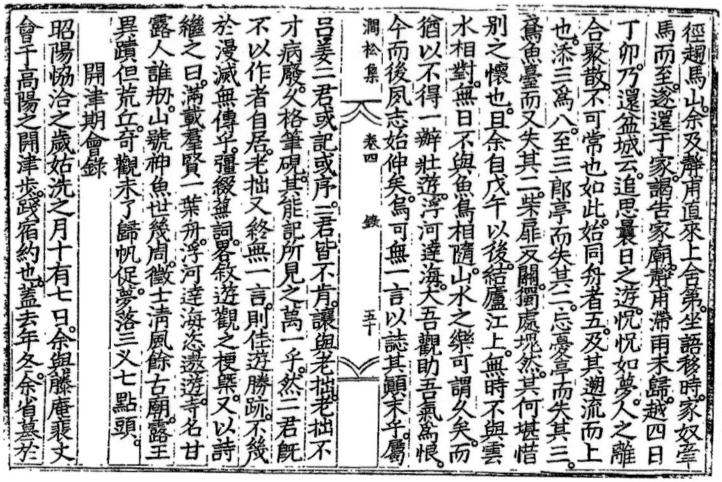

徑趨馬山余及辯甫直來上舍弟坐語移時家奴牽
馬而至遂還于家謁告家廟辯甫滯雨未歸越四日
丁卯乃還盆城云追思曩日之遊怳怳如夢人之離
合聚散不可常也如此始同舟者五及其遡流而上
也添三爲八至三郎亭而失其二忘憂亭而失其三
鳶魚臺而又失其二柴扉反關獨處塊然其何堪惜
別之懷也且余自戊午以後結廬江上無時不與雲
水相對無日不與魚鳥相隨山水之樂可謂久矣而
猶以不得一辦壯遊浮河達海大吾觀助吾氣爲恨
今而後夙志始伸矣烏可無一言以誌其顚末乎屬

澗松集 卷四 錄 五十

呂姜二君或記或序二君皆不肯讓與老拙老拙不
才病廢久格筆硯其能記所見之萬一乎然二君旣
不以作者自居老拙又終無一言則佳遊勝跡不幾
於漫滅無傳乎彊綴蕪詞略敍遊觀之梗槩又以詩
繼之曰滿載羣賢一葉舟浮河達海恣遨遊寺名甘
露人誰挹山號神魚世幾周徵士淸風餘古廟露王
異蹟但荒丘奇觀未了歸帆促夢落三叉七點頭

開津期會錄

昭陽協洽之歲姑洗之月十有七日余與滕庵裵丈
會于高陽之開津步踐宿約也蓋去年冬余省墓於

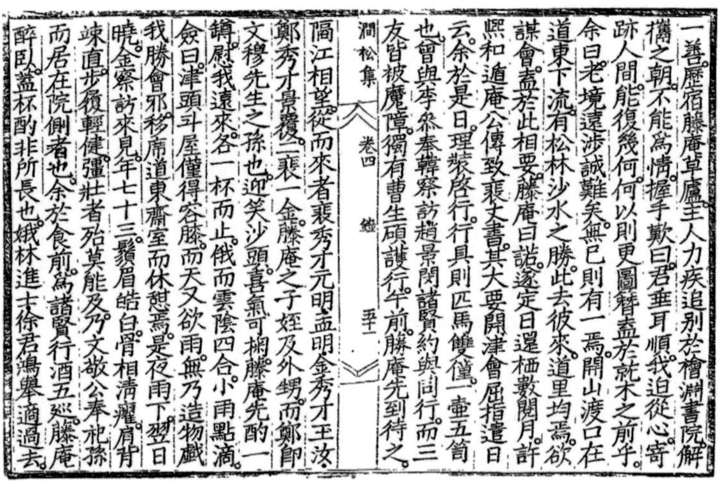

一善歷宿滕庵草廬主人力疾追別於檜淵書院解
攜之朝不能爲情握手歎曰君垂耳順我迫從心寄
跡人間能復幾何何以則更圖替盍於就木之前乎
余曰老境遠涉誠難矣無已則有一焉開山渡口在
道東下流有松林沙水之勝此去彼來道里均焉欲
謀會盍於此相要滕庵曰諾遂定日還棲數閱月許
熙和適庵公傳致裵丈書其大要開津會屈指遣日
云余於是日理裝啓行行具則匹馬雙僮一壺五筒
也曾與李叅奉韓察訪趙景閔諸賢約與同行而三
友皆被魔障獨有曹生碩護行午前滕庵先到待之

澗松集 卷四 錄 五十一

隔江相望從而來者裵秀才元明孟明金秀才王汝
鄭秀才景覆二裵一金滕庵之子姪及外甥而鄭郎
文穆先生之孫也迎笑沙頭喜氣可掬滕庵先酌一
觴慰我遠來各一杯而止俄而雲陰四合小雨點滴
僉曰津頭斗屋僅得容膝而天又欲雨無乃造物戲
我勝會邪移席道東齋室而休憩焉是夜雨下翌日
曉金察訪來見年七十三鬚眉皓白骨相淸癯肩背
竦直步履輕健彊壯者殆莫能及乃文敬公奉祀孫
而居在院側者也余於食前爲諸賢行酒五巡滕庵
醉臥盞杯酌非所長也娥林進士徐君鴻擧適過去

澗松集 別集 卷一

「개진기회록」, 『간송집』(한국고전종합DB 제공)

간송 조임도를 추억하며[憶趙澗松(任道)]

옛 친구의 집은 낙동강 동쪽에 있지 故人家住洛江東
요사이 마음공부에 얼마나 힘쓰셨나 心上年來幾用工
책 속의 성현을 늘 마주 대하고 黃卷聖賢常對越
온 나라 호걸을 다 장악하였네 靑丘豪傑盡摩籠
넘실넘실 흐르는 강은 근원이 아득하고 河臨滾滾淵源遠
높다랗게 둘러싼 산은 기상이 웅장하네 山擁巖巖氣像雄
함께 빈 창가에 기댈 날이 언제려나 同倚虛囪何日是
의문처를 많이 가져가 연구 자료로 삼으리 剩將疑難資硏窮

– 배상룡裵尙龍, 『등암선생문집藤庵先生文集』

위의 시는 등암이 지은 「간송 조임도를 추억하며[憶趙澗松(任道)]」라는 칠언율시이다. 비록 간송과 멀리 떨어져 있지만, 그가 마음공부에 얼마나 힘쓰고 있는지를 궁금해하면서 다시 만나 학문의 의심처를 깊이 토론해 연구 자료로 삼고 싶다는 바람을 드러내었다. 여기에서도 등암과 간송의 망년지우와 천리신교의 아름다운 우정을 엿볼 수 있다.

한편, 개산 나루의 모임은 한강 선생의 만년 고제인 등암과 여문십현旅門十賢의 한 사람인 간송이 공동으로 주관하였다. 그리고 한강 선생의 손자인 정유도, 한훤당 김굉필의 봉사손인 김대진, 현풍 지역을 대표하는 한강의 문인인 곽위국과 곽이창, 도동서원 원장인 곽홍재 등이 참석하였다. 참석자들의 면면을 보면, 개산 나루의 모임은 '한려회합寒旅會合'의 성격이 짙다고 할 수

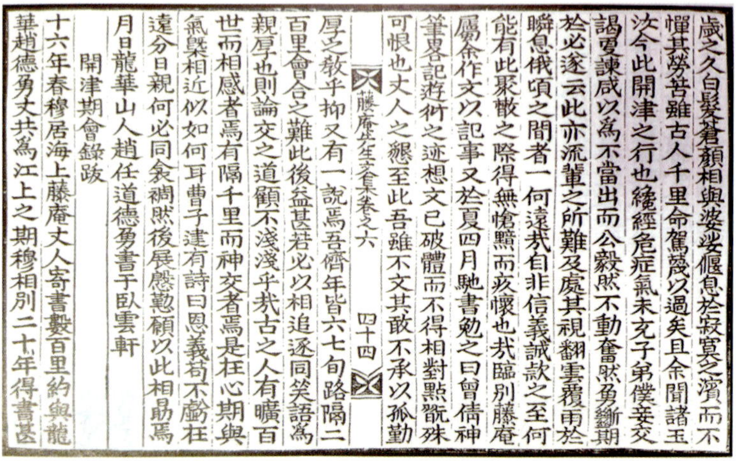

歲之久白髮蒼顏相與婆娑偃息於寂寞之濱而不
憚其勞苦雖古人千里命駕蔑以過矣且余聞諸玉
汝今此開津之行也纔經危症氣未充子弟僕妾交
謁更諫咸以爲不當出而公毅然不動奮然勇斷期
於必遂云此亦流輩之所難及處其視翻雲覆雨於
瞬息俄頃之間者一何遠哉自非信義誠款之至何
能有此聚散之際得無愴黯而疚懷也哉臨別藤庵
屬余作文以記事又於夏四月馳書勉之曰曾倩神
筆略記遊衍之迹想文已破體而不得相對點竄殊
可恨也丈人之懇至此吾雖不文其敢不承以孤勤

藤庵先生文集卷之六　四十四

厚之教乎抑又有一說焉吾儕年皆六七旬路隔二
百里會合之難此後益甚若必以相追逐同笑語爲
親厚也則論交之道顧不淺淺乎哉古之人有曠百
世而相感者焉有隔千里而神交者焉是在心期與
氣槩相近似如何耳曹子建有詩曰恩義苟不虧在
遠分日親何必同衾裯然後展慇懃願以此相勗焉
月日龍華山人趙任道德勇書于臥雲軒

開津期會錄跋

十六年春穆居海上藤庵丈人寄書數百里約與龍
華趙德勇丈共爲江上之期穆相別二十年得書甚

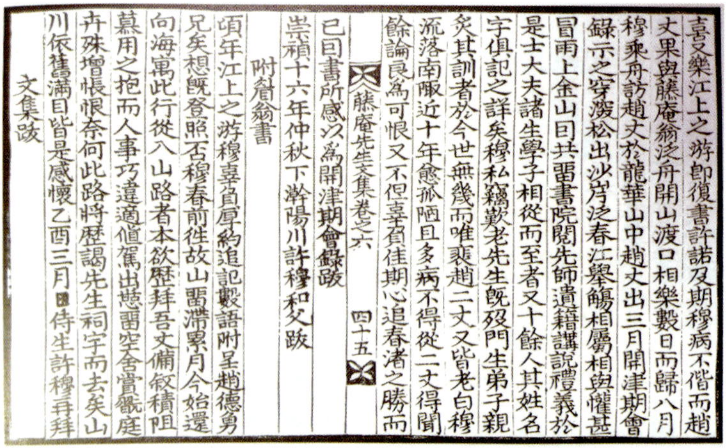

喜又樂江上之游卽復書許諾及期穆病不偕而趙
丈果與藤庵翁泛舟開山渡口相樂數日而歸八月
穆乘舟訪趙丈於龍華山中趙丈出三月開津期會
錄示之穿渡松出沙岸泛春江擧觴相屬相與懽甚
冒雨上金山曰共留書院閱先師遺籍講說禮義於
是士大夫諸生學子相從而至者又十餘人其姓名
字俱記之詳矣穆私竊歎老先生旣歿門生弟子親
炙其訓者於今世無幾而唯爽趙二丈又皆老白穆
流落南陬近十年愈孤陋且多病不得從二丈得聞
餘論良爲可恨又不但辜負佳期心追春渚之勝而

藤庵先生文集卷之六　四十五

已同書所感以爲開津期會錄跋
崇禎十六年仲秋下澣陽川許穆和父跋

附眉翁書

頃年江上之游穆辜負厚約追記數語附呈趙德勇
兄矣想旣登照否穆春前往故山留滯累月今始還
向海寓此行從入山路者本欲歷拜吾丈備叙積阻
慕用之抱而人事巧違適値駕出悵留空舍嘗觀庭
卉殊增悵恨奈何此路將歷謁先生祠宇而去矣山
川依舊滿目皆是感懷乙酉三月日侍生許穆再拜

文集跋

허목의 「개진기회록발」, 『등암선생문집』(한국국학진흥원 제공)

있다. 그뿐만 아니라 미수는 이 모임에 초대받아 참석하려 했으나, 병이 나는 바람에 참석하지 못하고, 훗날 「개진기회록발」을 지었다. 미수는 등암과의 회합을 통해서라도 한강 선생의 여풍餘風을 체험하고 싶었다. 따라서 개산 나루의 모임은 사우 간의 평범한 친목 도모를 넘어 미수와 영남권 한강 문인들과의 유대를 더욱 돈독하게 하려 했다는 측면도 있다.

7 『경재잠해』, 자손을 위해 짓다

현재까지 전하는 등암의 시문은 많지 않다. 그중에 등암의 학술적 면모가 잘 드러난 작품이 『경재잠해敬齋箴解』이다. 이 작품은 등암이 76세이던 1649년(인조 27) 봄에 지은 것으로, 주자朱子의 「경재잠敬齋箴」을 단락마다 나누어 주註를 달아 『경재잠해』라고 하였다. 주자의 「경재잠」은 장식張栻의 「주일잠主一箴」에 미흡한 부분을 보충하기 위해 경敬의 성격과 공부에 대한 방법론을 사언시四言詩로 지은 것이다. 주자는 「경재잠」을 서재의 벽에 써 붙여 자신을 경계했을 뿐만 아니라 경敬의 조목으로 공부를 하는 데 있어 아주 좋은 근거라고 하였다. 「경재잠」은 총 10장으로 이루어져 있는데, 1장은 정靜의 경이고, 2장은 동動의 경이며, 3장

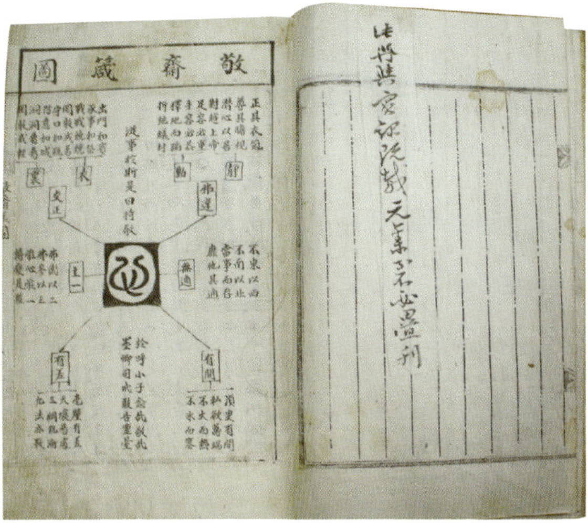

『경재잠해』

은 표면[表]의 경이고, 4장은 이면[裏]의 경이다. 5장은 무적無適을, 6장은 주일主一을 말하였다. 7장은 총론이고, 8장은 간단間斷이 있으면 이어지지 않는다는 것이고, 9장은 어긋나면 전도된다는 것이며, 10장은 경계하여 끝맺는다는 것이다.

등암은 젊었을 때 한강 선생의 문하에서 주자의 「경재잠」을 배웠는데, 그 간결하고 절실함을 좋아하여 혹시라도 잊어버릴까 봐 강의를 마칠 때마다 스승의 말씀을 기록하였다. 등암은 죽기 전에 경敬에 종사하기를 원했으나 애석하게도 중도에 그만두고 말았다. 만년에 자손들이 배움을 청했으나 말로만 가르치려니 이해시키기 어려웠다. 그래서 젊을 때 기록해 두었던 것을 구절마다 나누어 소疏를 달고, 또 노재魯齋 왕백王柏의 「경재잠도敬齋箴圖」를 첫머리에 두어, 서로 참고하고 고증하여 익히는 데 도움이 되도록 하였다. 왕백의 「경재잠도」는 주자의 「경재잠」의 내용을 구분지어 도식화한 것이다. 등암의 『경재잠해』는 차례가 문란하지 않고 단락이 분명하여 처음 배우는 자들이 내용을 찾아 들어가기가 쉬웠다. 특히, 내용은 모두 한강 선생의 말씀과 경해經解를 근간으로 하여 감히 한 글자, 한 뜻이라도 지어낸 것이 아니었다.

19세기 상주에서 활동한 계당溪堂 류주목柳疇睦(1813-1872)은 등암의 『경재잠해』를 읽고 "여러 날이 되어도 싫지 않았고, 그 말이 맛있음을 깨달았다."라고 하며 다음과 같이 말하였다. 류주목은 서애 류성룡의 9세손이자 우의정 낙파洛坡 류후조柳厚祚(1798-1876)의 아들로, 상주의 영남학파를 선도하던 큰 학자였다.

> 경敬이란 한 마음의 주재主宰이고 만사의 근본이어서 성학聖學의 처음이자 끝이 되는 중요한 길이다. 그래서 주자가 일찍이 장식의 「주일잠」에서 빠진 글을 모아서 「경재잠」을 짓고는 서재의 벽에 붙여 두고 이 말로써 자신을 경계하였다. 이는 천지에 있는 공자孔子·맹자孟子·정이程頤·장식의 도가 주자를 얻어 그 말을 다 드러내어 성인이 되고 현인이 되는 기틀이 사람의 마음에 있다는 것을 확연히 크게 밝힌 것이다. 주자에 이르러 그 뜻이 모두 나타나 다시는 남은 온축이 없는 것이니, 학자가 당면한 당시의 가장 절실한 공부이며 유지하고 방비하는 도가 되는 것은 「경재잠」 하나를 벗어나지 않는다. 그러나 그 언구言句가 간략하며 의리義理가 뭉뚱그려져 있어서 조목을 말하였으면서도 이름을 붙인 까닭을 언급하지 않았고, 하나를 들어 놓았으면서도 아직 말하지 않은 바를 예시하여 놓았다. 학자들은 이

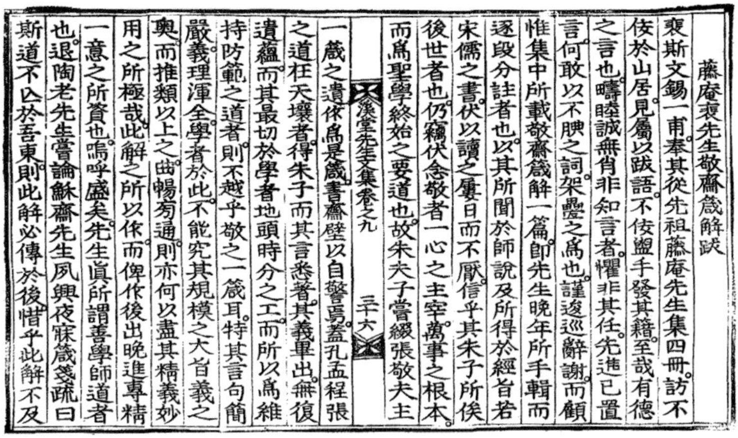

藤庵裵先生敬齋箴解跋
裵斯文錫一甫奉其從先祖藤庵先生集四冊訪不
佞於山居見屬以跋語不佞盥手發其籍至哉有德
之言也疇睦誠無肖非知言者懼非其任先進已置
言何敢以不腆之詞架疊之爲也謹逡巡辭謝而顧
惟集中所載敬齋箴解一篇卽先生晩年所手輯而
逐段分註者也以其所聞於師說及所得於經旨若
宋儒之書伏以讀之屢日而不厭信乎其朱子所俟
後世者也仍竊伏念敬者一心之主宰萬事之根本
而爲聖學終始之要道也故朱夫子嘗綴張敬夫主
溪堂先生文集卷之九　三十六
一箴之遺依爲是箴書齋壁以自警焉蓋孔孟程張
之道在天壤者得朱子而其言悉著其義畢出無復
遺蘊而其最切於學者地頭時分之工而所以爲維
持防範之道者則不越乎敬之一箴耳特其言句簡
嚴義理渾全學者於此不能究其規模之大旨義之
奧而推類以上之由暢旁通則亦何以盡其精義妙
用之所極哉此解之所以作而俾作後出晩進專精
一意之所資也嗚呼盛矣先生眞所謂善學師道者
也退陶老先生嘗論穌齋先生夙興夜寐箴箋疏曰
斯道不亾於吾東則此解必傳於後惜乎此解不及

「등암배선생경재잠해발」, 『계당집』(한국고전종합DB 제공)

에 대하여 그 규모의 큼과 가리키는 뜻의 오묘함을 연구하여, 비슷한 종류를 미루어 거슬러 올라가서 자세하게 밝히고 널리 통할 수 없게 되었다. 또한 어떻게 정밀한 뜻과 오묘한 작용의 지극한 바를 다할 수 있겠는가. 이것이 「경재잠해」를 지은 까닭이며 뒤에 나오는 후진들이 한 생각을 오로지 정밀하게 하는 바탕이 되게 한 것이다.

– 류주목柳疇睦, 「경서등암배선생경재잠해후敬書藤庵裵先生敬齋箴解後」, 『등암선생문집藤庵先生文集』

류주목은 당시 학자가 당면한 가장 절실한 공부와 유지하고 방비하는 도가 「경재잠」에서 벗어나지 않지만, 그러나 그 언구가 간략하고 의리가 뭉뚱그려져 있어서 학자들이 그 규모의 큼과 가리키는 뜻의 오묘함을 자세하게 밝히고 널리 통할 수 없게 되었다고 하면서 이것이 바로 등암 선생이 『경재잠해』를 지은 이유라고 밝혔다.

등암은 자손들이 훈고訓詁를 통해 주자의 「경재잠」을 조금이라도 대충 엿볼 수 있기를 바라는 마음에서 『경재잠해』를 지었다. 그리고 자손들에게 "남긴 가르침을 잊지 말고 너희들만 보고, 적합한 사람이 아니면 전하지 말라."라고 훈계하였다. 『경재잠해』는 등암가에서 대대로 전하는 가학 차원에 머물지 않았다. 19세기 말 한강 선생의 8대손인 진암進菴 정교鄭墧는 『등암선생문집』 발문에서, "『경재잠해』는 유학의 핵심적이고 정밀한 뜻을 은밀히 전하는 가르침이 되기에 충분하고, 또 한강 선생에게 들은 총결적總結的인 학설이다. 이는 등암 선생이 위기爲己와 위인爲人을 분별하여 참으로 알고 실천하며 정밀한 경지를 체험했으므로 가능했던 것이다."라고 높이 평가하였다.

제3장

종가의 고문헌과 제례

종가의 고문헌과 제례

1 종가의 고문헌

1) 등암종가의 유교책판들

한국의 유교책판儒教冊版은 2015년 10월 유네스코 세계기록유산으로 지정되었다. '유교책판'은 조선 시대(1392~1910)에 718종의 서책을 간행하기 위해 판각한 책판으로, 305개 문중과 서원에서 기탁한 총 64,226장으로 되어 있으며, 현재는 경북 안동의 한국국학진흥원에서 보존·관리하고 있다. 유교책판은 시공을 초월하여 책을 통해 후학後學이 선학先學의 사상을 탐구하고 전승하며 소통하는 '텍스트 커뮤니케이션(text communication)'의 원형이다. 수록 내용은 문학을 비롯하여 정치·경제·철학·대인관계 등 실로 다양한 분야를 다루고 있다. 그러나 이렇게 다양한 분야를 다루

성산배씨 등암종택 유교책판 유네스코 세계기록유산 등재 기념 감사패
(등암종가 배윤호 제공)

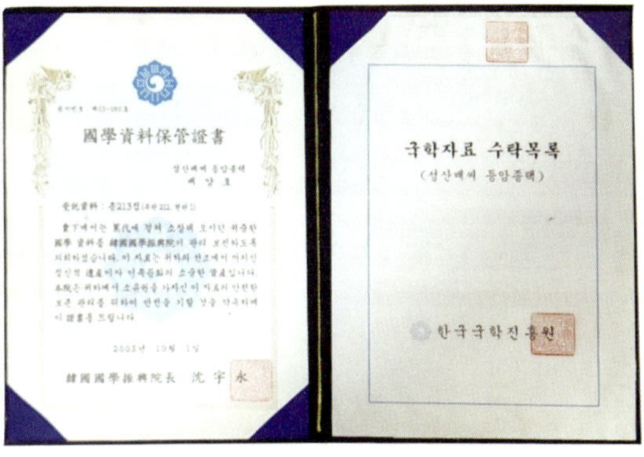

성산배씨 등암종택의 국학자료 보관증서(등암종가 배윤호 제공)

고 있음에도 궁극적으로는 유교의 '인륜공동체人倫共同體' 실현이라는 주제를 담고 있는 것이 공통적인 특징이다.

문중-학맥-서원-지역사회로 연결되는 네트워크를 형성한 지역의 지식인 집단은 '공론公論'을 통해 인쇄할 서책의 내용과 이후의 출판 과정을 결정하였다. 제작 과정부터 비용까지 자체적으로 분담하는 '공동체 출판'이라는 출판 방식은 유례를 찾기 힘든 매우 특징적인 출판 방식이다. 또 이 네트워크의 구성원들은 20세기 중반까지 지속적으로 스승과 제자의 관계로 서로 밀접하게 연관되었고, 이러한 관계는 500년 이상 지속되면서 '집단지성集團知性'을 형성하였다. 영구적으로 보존되어 온 영원한 학문의 상징으로서 유교책판은 서책을 원활하게 보급하기 위해 제책(codex) 형태로 인출하도록 제작되었으며, 현전하는 모든 책판은 지금도 인출이 가능할 정도로 원래의 상태 그대로를 유지하고 있다.

등암종가에서는 『서암선생실기書巖先生實記』·『등암선생문집藤庵先生文集』·『괴재선생문집愧齋先生文集』 3종의 책판을 한국국학진흥원에 기탁하였다. 『서암선생실기』는 등암의 할아버지 서암 배덕문의 실기 2권 1책을 간행하는 데에 사용한 책판으로, 현재 완질 20장이 남아 있다. 이 책판은 괴재 배상호의 후손인 부지암不知庵 배석일裵錫一 등이 유고를 수집·정리한 다음, 1859년(철종 10)에 판각을 시작하여 1860년(철종 11)에 완성하였다.

『등암선생문집』은 등암 배상룡의 시문집 6권 4책을 간행하는 데 사용한 책판으로, 현재 138장이 남아 있으며 1장이 결락이다. 이 책판은 후손인 배홍모裵洪模·배석일 등이 유고遺稿를 정리·편집한 다음, 도천서원에서 1859년에 판각을 시작하여 1860년에 완성하였다. 현재 책판은 모두 139장이 남아 있지만 문집의 내용이 없는 무각판이 1장이 있어 실제 책판은 138장이며, 권4의 7면 책판 1장이 결락되어 본래 모두 139장으로 판각된 것을 알 수 있다.

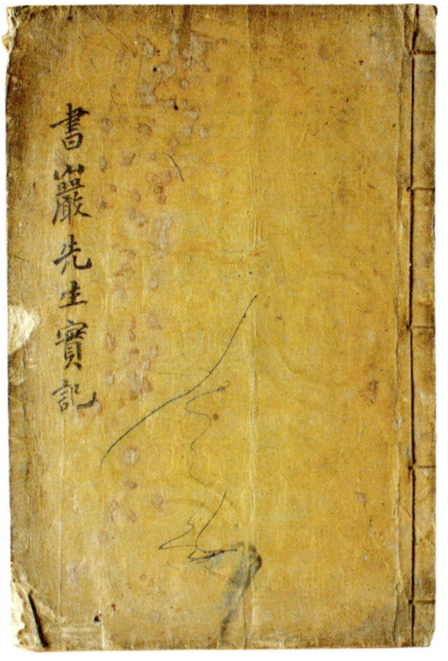

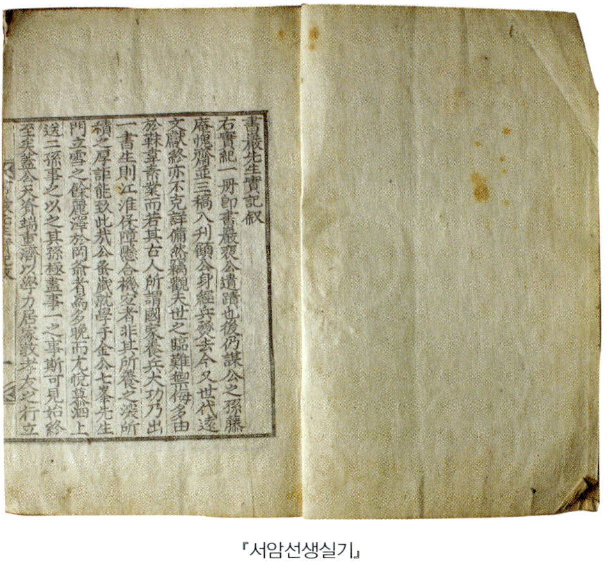

『서암선생실기』

『괴재선생문집』은 등암의 아우인 괴재 배상호의 시문집 4권 2책을 간행한 책판이다. 완질 65장 중 12장이 결락이며, 현재 53장이 남아 있다. 후손 배만섭裵萬燮이 원고를 4권 2책으로 편집한 후 1859년에 판각을 시작하여, 이듬해인 1860년에 판각을 완료하여 책으로 간행하였다.

2) 『서암선생실기書巖先生實記』

서암 배덕문의 문집으로, 2권 1책의 목판본이다. 『서암선생실기』는 배석일이 배덕문의 유고를 수집하고 정리한 뒤에 1860년에 목판본으로 간행하였다. 본 문집은 2권 1책 상·하권으로 나뉘어 있고, 권수에 낙파 류후조의 서문(1860)이 있다. 상권에는 「탄질론呑蛭論」·「고참봉부군비공인농서이씨합부묘표考參奉府君妣恭人隴西李氏合祔墓表」·「처사도공묘지문處士都公墓誌文」이 실려 있고, 하권에는 「행통훈대부사재감정 … 서암공유사行通訓大夫司宰監正 … 書巖公遺事」, 「조고행통훈대부사재감정 … 부군묘표祖考行通訓大夫司宰監正 … 府君墓表」와 부록으로 「유림정장儒林呈狀」·「정본관향장呈本官鄕狀」·「정순영도장呈巡營道狀」·「정겸관도부향장呈兼官到付鄕狀」·「정예조도장呈禮曹道狀」·「상언초上言草」·「본관보영문장초本官報營門狀草」 등이 실려 있다.

특히, 「탄질론」은 배덕문의 애민론愛民論을 알 수 있는 사론史論이다. 춘추 시대 초장왕楚莊王이 채소를 먹는데, 거머리가 나오자

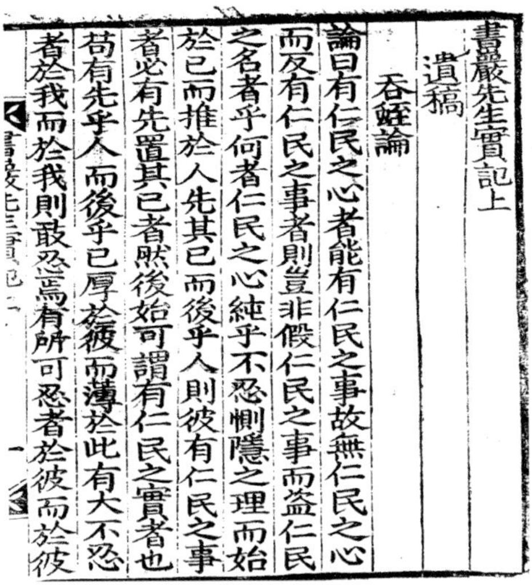

書巖先生實記上
遺稿
呑蛭論
論曰有仁民之心者能有仁民之事故無仁民之心而反有仁民之事者則豈非假仁民之事而盜仁民之名者乎何者仁民之心純乎不忍惻隱之理而始於己而推於人先其己而後乎人則彼有仁民之事者必有先置其己者然後始可謂有仁民之實者也苟有先乎人而後乎己厚於彼而薄於此有大不忍者於我而於我則敢忍焉有所可忍者於彼而於彼

「탄질론」, 『서암선생실기』(국립중앙도서관 제공)

신하들이 이것을 보고 요리사를 처형할까 두려워 거머리를 삼켰다. 당시 세간에서 이 일을 두고 초장왕이 백성을 사랑하는 마음에서 나온 행동이라 칭송하였다. 이에 대해 배덕문은 당시 세간의 평에 대해 반론을 제기하였다.

우선 백성을 사랑하는 마음이 있는 사람은 백성을 사랑하는 사례가 있을 수 있지만, 백성을 사랑하는 마음이 없는데 백성을 사랑하는 사례가 있다면 이는 백성을 사랑하는 사례를 빌려서 백성을 사랑한다는 이름을 훔치는 자라고 정의하였다. 그러면서 자신을 우선시하지 않고 남을 우선시하면 백성을 사랑한다는 이름을 훔치는 자이고 자신을 두텁게 하지 않으면서 남을 두텁게 한다면 백성을 사랑하는 마음이 아니라고 주장하였다. 초장왕은 벌을 받아야 할 요리사를 용서하고, 반대로 자신이 병드는 것에 관해 신경 쓰지 않음으로써 백성을 사랑한다는 명예를 얻었다는 것이다. 이에 대해 배덕문은 사실 초장왕이 요리사의 안위에 관심이 없고, 이를 통해 세상으로부터 백성을 사랑한다는 명예를 얻으려고 한 것뿐이라고 주장하였다. 그리고 춘추오패春秋五霸의 행위가 바로 초장왕의 이 사례와 닮았다고 하며 춘추오패에 대해 비판하였다.

춘추오패의 행위를 보면 마치 불인지심不忍之心(남을 차마 해치지 못하는 마음)이 있는 듯하지만 실제로는 잔인하고, 겉으로는 백성을 사랑하는 마음이 있는 듯하지만, 그 속에는 세상을 속이는 술책이 있다고 하였다. 그래서 이름만 있지 실체는 없고, 속임수만 있지 정도正道가 없으므로 어진 이의 마음에 죄를 얻었을 뿐만 아니라 실제는 삼왕三王의 죄인이라는 것이다. 삼왕은 중국 고대의 뛰어난 임금으로, 하夏의 우왕禹王, 은殷의 탕왕湯王, 주周의 문왕文王·무왕武王이다. 따라서 춘추오패는 백성을 사랑한다는 이름을 훔치는 자라는 것이다. 어진 사람은 자신을 두텁게 하는 것을 확대해서 남도 두텁게 하고, 자신에게 차마 하지 못하는 것을 확대해서 남에게도 차마 하지 못한다. 『대학大學』에서 "두터이 해야 할 일을 소홀히 하면서 소홀히 할 일을 두터이 할 수 있는 사람은 있지 않다."라고 하였다. 따라서 초장왕이 거머리를 먹은 행위는 백성을 사랑한다는 이름을 훔친 행위라는 것이다. 이처

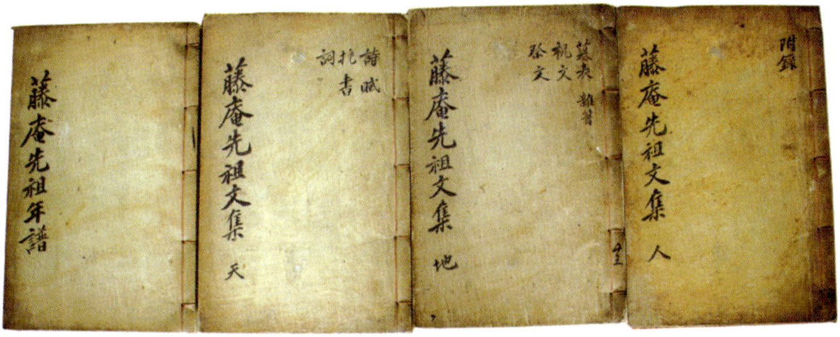

『등암선생문집』

럼 배덕문은 공자·맹자가 말한 인仁의 사상을 통해 초장왕의 행위를 비판함으로써 결국 춘추오패의 행위를 비판하였다. 이처럼 「탄질론」은 배덕문의 애민론을 알 수 있는 좋은 작품이다.

3) 『등암선생문집藤庵先生文集』

등암 배상룡의 문집으로, 6권 4책의 목판본이다. 등암의 많은 시문이 흩어져 없어진 뒤에 남은 시문이 고촌종가孤村宗家에 보관되어 있었다. 문집 간행을 위해 후손들이 대대로 노력했으나 결실을 보지 못하였다. 그러던 중에 7대손 배홍모裵洪模가 선친의 유지를 받들어 방손 배석일 등과 함께 가장초고家藏草稿를 바탕으로 삼고, 여기에 연보年譜와 부록附錄 등을 첨부하여 성주의 도천서원道川書院에서 1859년에 목판으로 간행하였다. 서문은 초간본이 나온 후 배석일이 정재定齋 류치명柳致明(1777–1861)에게 청하여 받은 것인데, 후에 추가한 것으로 보인다.

1책에는 세계도世系圖·연보年譜·부록附錄이 실려 있다. 세계도에는 기세조 배위준부터 등암의 손자인 20세世까지 기록되어 있으며, 연보에는 등암이 태어난 1574년부터 뒷개 마을에 도천서원道川書院을 이건하여 등암의 위패를 봉안한 1786년까지의 사실이 실려 있다. 부록으로는 도천서원을 건립할 때와 이건한 뒤의 상량문·봉안문·상향문常享文·환안문還安文 등이 있고, 끝에는 1791년에 도명응都命應이 지은 「도천중건기道川重建記」와 7대손 배홍모가 지은 지識가 있다. 주로 등암의 효성과 심오한 학문, 사우 간의 신의信義, 임진왜란 당시 창의했던 점을 거론하면서, 등암을 기리는 사우祠宇가 영원히 지속되기를 바라는 내용이다.

2책은 권1~2이다. 권수에 정재 류치명이 지은 서문과 총목차가 있다. 권1에는 시 101제題, 애사哀詞 3편, 부賦 1편이 있다. 시는 「차가제이장운次家弟李章韻」 1수의 원운을 붙인 것이기 때문에 순수한 등암의 작품은 100제이다. 그 가운데 만시가 63제이므로 순수하게 등암의 심경을 읊은 작품은 37제에 불과하다. 시는 대부분 경물을 대하면서도 선비로서의 맑은 정신과 깨끗한 심성을 담담하게 그려 내는 경향을 보인다. 권2에는 온천욕을 떠난 한강 선생에게 안부를 묻는 「한강 선생께 올리다[上寒岡先生]」와 병자호란이 발발했을 때 여헌 선생에게 의병장이 되어 달라고 요청하는 「여헌 장 선생께 올리다[上旅軒張先生]」 등을 비롯하여 총 73편이 실려 있다. 편지글은 주로 일상적인 안부를 묻는 내용이 대부분인데, 그중에 한강 선생의 문집 간행에 관련된 인물들과 주고받은 편지 몇 편이 주목된다.

3책은 권3~4이다. 권3에는 묘표墓表 5편, 축문祝文 12편, 제문祭文 35편이 실려 있는데, 묘표는 조부 배덕문, 숙부 배건 부부, 외증조 백거추白巨鰍 등의 것이다. 권4에는 잡저雜著 9편이 있다. 「한강선생언행록寒岡先生言行錄」은 모두 30여 조항으로, 등암이 최항경·이서·박명윤 등의 동문과 함께 편찬했는데, 평소 보고 들은 한강 선생의 언행을 모아 기술하였다. 「경재잠해敬齋箴解」는 주자의 「경재잠敬齋箴」을 단락마다 나누어 주를 달고, 왕백王柏의 「경재잠도敬齋箴圖」를 첫머리에 두어 서로 참고하고 고증하여 익히는 데 도움이 되도록 하였다. 그리고 정묘호란 때 여헌 선생의 명으로 지은 「호소사통유문號召使通諭文」과 관찰사·상주향교·성주목사 등에게 올린 글이 있다.

4책은 권5~6으로, 부록이다. 권5에는 허목이 지은 묘갈명, 장응일이 지은 묘지명, 1657년에 생질 박진구朴震耉가 지은 행록行錄이 있다. 권6에는 제문 18편과 만시 68편, 조임도가 지은 「개진기회록開津期會錄」, 허목이 지은 「개진기회록발開津期會錄跋」, 정교가 지은 문집 발문, 류주목이 지은 「경서등암배선생경재잠해후敬書藤庵裵先生敬齋箴解後」 등이 있다. 「개진기회록」은 1643년 3월 17일부터 19일까지 사흘 동안 등암과 간송 조임도를 비롯한 여러 문인들이 고령 개산 나루 일대에서 노닐었던 모임을 기록한 것으로, 망년지우를 보여 준다. 「개진기회록발」은 미수 허목이 개산 나루의 모임에 참석하지 못한 안타까움과 개산 나루 일대의 아름다운 풍광, 그리고 발문을 작성하게 된 사연 등을 기록한 것이다. 마지막에 "기미년(1859) 3월 도천서원에서 처음으로 간행한다.[己未三月道川書院開刊]"라는 간기가 있다.

4) 『괴재선생문집愧齋先生文集』

괴재 배상호의 문집으로, 4권 2책의 목판본이다. 후손들이 유문을 수집하고 정리한 다음 1859년 3월에 도천서원에서 간행하였다. 그러나 오랜 세월에 많은 시문이 없어졌고 남은 것이 겨우 10분의 1밖에 되지 않았다. 권두에 류주목이 지은 서문(1860)이 있고, 권말에 류치명과 이수용李秀容이 지은 두 편의 발문(1859)이 있다.

권1에는 시 14제, 부賦 4편, 편지 2편, 서序 1편, 상량문 1편, 표表 6편, 책策 3편이 실려 있다. 시는 「우음偶吟」·「부등암차附藤庵次」·「증별贈別」·「산행山行」·「우음偶吟」·「증별신진정당贈別申眞靜堂」·「만영漫咏」·「홍류동紅流洞」·「차비파행次琵琶行」·「한강선생만사寒岡先生挽詞」·「만여감호挽呂鑑湖」·「만박용호挽朴龍湖」·「만유경망挽兪景望」 등인데, 만시 5수를 제외하면 10여 수가 전부이다. 이 중에 「우음」은 오언율시와 칠언절구 2수가 있는데, 모두 의경이 깊고 문체가 유려하여 멋과 향기를 풍긴다. 「만영」과 「홍류동」 등도 고상한 의취가 말 밖에 담겨 있다. 괴재가 한강 선생을 애도하

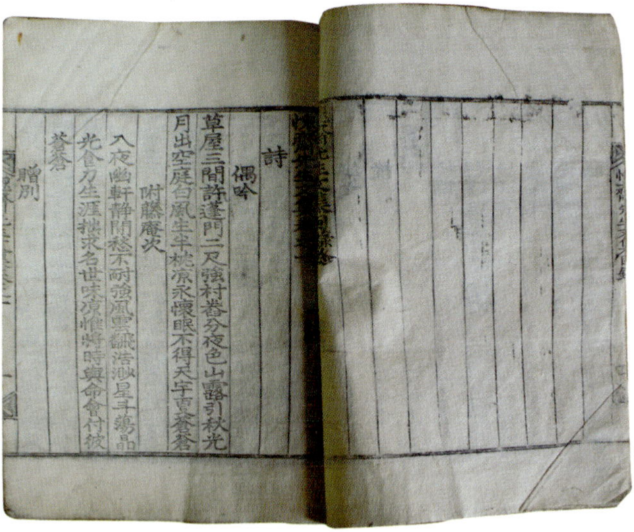

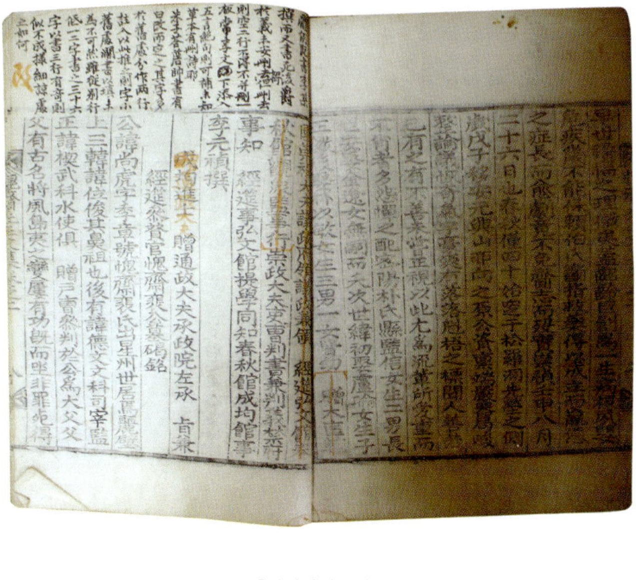

『괴재선생문집』

며 지은 「한강선생만사」와 「회연서원상량문檜淵書院上樑文」을 통해 그의 학문 연원을 알 수 있다. 4편의 부 작품 중에 「제시벽간題詩壁間」은 그의 문학성이 돋보이는 작품으로, 산림의 뜬구름 및 물고기와 벗하며 유유자적하는 심경을 잘 묘사하였다.

권2는 부록 상으로, 생질 박진구朴震耉가 지은 유사遺事, 손자 고촌 배정휘가 지은 가장家狀, 이원정李元禎이 지은 행장行狀, 입재立齋 정종로鄭宗魯(1738–1816)가 지은 묘갈명墓碣銘이 실려 있다. 권3은 부록 중으로, 제문 11편, 만사 47편, 「지구증유知舊贈遺」 6편이 실려 있다. 권4는 부록 하로, 「제현기문諸賢記聞」·「가록家錄」 등과 함께 괴재를 도천서원에 봉안하면서 지은 봉안문奉安文·상향축문常享祝文·상량문上樑文, 도천서원을 이건하면서 지은 고유문告由文, 도천서원을 중건하면서 지은 기문 등이 실려 있다.

괴재는 40세의 이른 나이에 세상을 떠났을 뿐만 아니라 세월이 오래되어 남은 시문이 많지 않다. 그러나 그의 문집에 부록이 3권이나 되는 것으로 봐서 그의 학문과 덕행이 어느 정도였는지 쉽게 짐작할 수 있다. 류주목은 이 책 서문에서 "유문이 비록 많지 않지만, 그 언사에 참된 인의仁義가 넉넉히 드러났다."라고 괴재를 칭송하였다.

5) 『겸옹선생문집謙翁先生文集』

겸옹 배석휘의 문집으로, 5권 2책의 석인본이다. 후손인 배상

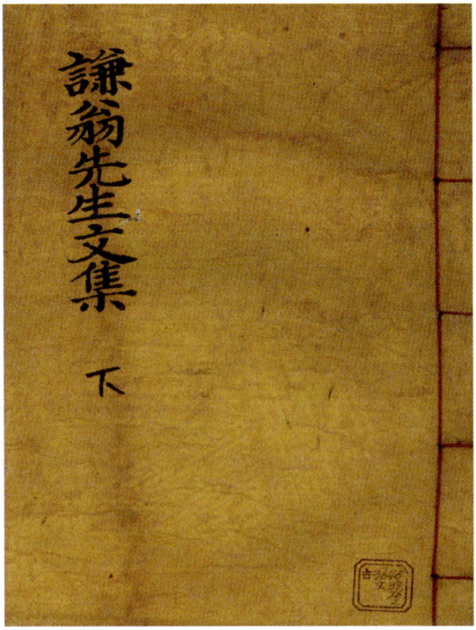

『겸옹선생문집』(국립중앙도서관 제공)

근裵相瑾과 배구환裵龜煥 등이 유문을 수집하고 정리해서 1933년 성주의 도남재道南齋에서 간행하였다. 권두에 정종호鄭宗鎬가 지은 서문(1933)이 있고, 권말에 7세손 배상근이 지은 발문과 "계유년(1933) 중추 도천서원에서 새로 간행한다.[癸酉仲秋道川新刊]"라는 간기가 있다.

권1에는 시 210제가, 권2에는 찬贊 1편·설說 1편·논論 1편이, 권3에는 편지 47편·제문 15편·행장 2편이, 권4에는 봉안문奉安文 1편·고유문告由文 1편·축문祝文 1편이 실려 있다. 권5는 부록으로, 8세손 배주환裵疇煥이 지은 유사遺事 1편, 이세형李世珩이 지은 묘지명墓誌銘 1편, 송준필宋浚弼이 지은 묘갈명墓碣銘 1편 등이 실려 있다.

시는 대부분 산림에 은거하여 아름다운 산수를 읊조리거나 심성을 수양하는 흥취를 읊은 것으로, 연작 20수의 「산재유감山齋有感」이 대표적인 작품이다. 편지는 일상생활의 안부와 경전에 관한 내용이 상당수를 차지한다.

「경자설敬字說」에서는 당시 학자들의 주요 관심사였던 '경敬'을 논의했다. 겸옹은 "경이란 마음을 주재하는 것이며 만사의 근본이 되므로, 성학聖學의 처음과 끝은 바로 이 경에 달려 있다."라고 역설하면서 "『소학』의 학문도 이것이 없으면 자라나는 어린이의 본원을 함양할 수 없고, 『대학』의 학문도 이것이 없으면 그 본本과 말末을 분명하게 판단할 수가 없다. 경이란 덕이 모이는 것이므로 오직 공경하면 취득할 수 있으니, 경례經禮 300과 곡례曲禮 300을 한마디로 말하면 경이다."라고 주장하였다. 그리고 성현의 천언千言과 만어萬語가 모두 경에 기인한 것이라고 하였다. 「효우론孝友論」에서는 사람이 삼재三才에 들어갈 수가 있는 것은 모두 오상五常 때문이라고 말하고, 형과 아우는, 기운은 같지만 형체는 다르므로 아우가 비록 형을 공경하지 않더라도 형은 아우를 사랑하지 않을 수 없다는 원칙을 강조하였다. 「명협찬蓂莢贊」은 기삼백朞三百의 생성 원인을 설명한 것으로, 역수曆數를 이해하는 데 좋은 참고 자료가 된다.

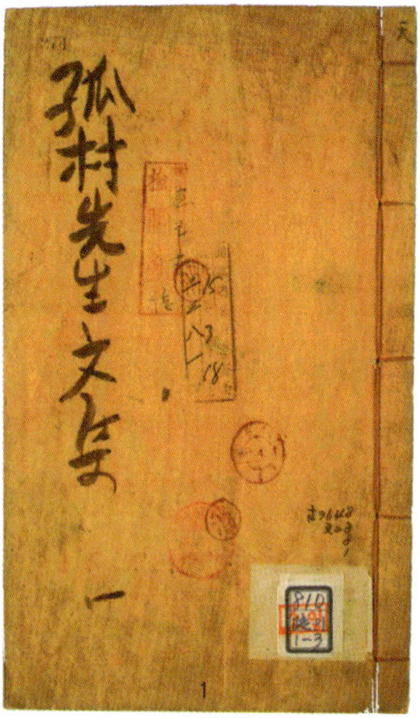

『고촌선생문집』(국립중앙도서관 제공)

6)『고촌선생문집孤村先生文集』

고촌 배정휘의 문집으로, 6권 3책(국립중앙도서관본, 이하 '국중본')의 석인본이다.『고촌집孤村集』은 2종이 있는데, 하나는 5권 2책본(경상대 문천각본)이고, 다른 하나는 6권 3책본(국중본)이다. 문천각본은 그 출판 경위를 알 수 없고, 국중본은 1940년 대구 비산동에서 이광로李光魯에 의해 석인본으로 간행되었다. 문천각본과 국중본 사이에는 몇 가지 차이가 있다. 문천각본은 서문이 해서로 되어 있고, 국중본은 행서가 섞인 초서로 되어 있다. 문천각본에는「단군조배씨득성상계檀君朝裵氏得姓上系」와「성주배씨세계도星州裵氏世

系圖」 및 목차가 실려 있고, 국중본에는 상계와 세계도가 빠진 채 목차만 실려 있다. 그 밖에 내용의 차이는 거의 없고, 다만 시 「화주령희증운和主令戱贈韻」 1편이 국중본에 추가되어 있는 정도이다. 문천각본은 책의 맨 말미에 이의국李義國과 방후손 배규환裵圭煥이 임인년(1902) 7월에 쓴 발문이 있고, 국중본은 배규환의 발문 대신 8세손 배정환裵貞煥의 발문이 실려 있다.

1902년에 작성된 배규환의 발문을 보면, 배상문裵相文의 주도로 수년간 족보와 소목을 정리하고 시문을 수습·편차하였고, 이를 바탕으로 주손 배도환裵道煥이 간행을 주도하여 처음에 5권 2책으로 간행한 것으로 판단된다. 그 후 30여 년이 지난 뒤 새로이 간행 사업을 기획하여, 상계와 세계도를 빼고 권의 47면에 앞의 「화주령희증운」을 추가하여 삽입하는 한편, 권1을 두 권으로 분권하였다. 그리고 말미에 배규환의 발문 대신 배정환의 발문을 실어 6권 3책으로 간행한 것으로 추정된다. 여기에서는 책의 구성과 내용에 대해 6권 3책의 국중본을 가지고 살펴보도록 하겠다.

본 문집에는 권두에 성재性齋 허전許傳이 지은 서문이 있고, 권말에 이의국과 배정환이 지은 발문이 있다. 권1에는 시 98제 155수, 권2에는 시 84제 106수, 권3에는 부賦 2편·소疏 10편·편지 8편·잡저雜著 32조목, 권4에는 상량문 2편·서序 7편·발跋 4편·기記 4편·잠箴 6편·설說 5편·변辨 2편·축문 9편, 권5에는 제문 16편·묘갈명 6편·전傳 2편·통문通文 2편·행장行狀 6편, 권6에는 부록으로 만사 85편·제문 11편·유사 1편·행장 1편·묘갈명 1편이 실려 있다.

고촌은 당쟁의 여파로 인해 외직으로, 그것도 고향과 멀리 떨어진 함경도와 평안도의 변방에서 근무하는 일이 많았다. 그래서 관직에 부임하면서 들른 곳의 풍광을 읊은 작품이 많은데, 특히, 1692년(숙종 18) 강계부사江界府使로 부임하면서 거쳐 간 곳은 모두 경치가 좋은 명소였다. 한양에서 출발하면서부터 개성·만월대·대동강·평양·안릉安陵·살수薩水·묘향산·보현사普賢寺·상원上院·장동역長洞驛·죽전竹田·적유령狄踰嶺·청원부淸源府로 이어지는 시편은 한 편의 강계 기행 시부詩賦이다. 그 밖에 고촌이 고향에 머물면서 주변의 풍경을 읊은 시, 벗이나 주변 인물들과 주고받은 시들이 많다. 만사는 갈암 이현일부터 조카에 이르기까지 다양한 인물의 죽음을 애도한 것으로, 남인 계열의 인물들에 대한 것이 많다.

「중심성성부衆心成城賦」는 응제應製에 지은 것으로, 일치된 민심은 성처럼 견고하다는 것이 주제이다. 「소흥의소紹興擬疏」는 송나라와 금나라가 강화를 맺던 소흥紹興 연간의 상황에 빗대어 논한 글로, 병자호란 때의 치욕, 거듭된 흉년으로 인한 민생고, 하부 관리들의 농간 등을 거론하면서 구제 대책 마련과 부조리 근절을 강력하게 촉구하였다. 잡저는 사실상 학문에 관한 자신의 견해를 밝힌 글로, 입지立志·수심收心·지경持敬·동정動靜·심성心性·상수象數·율려律呂 등 32개 조에 대해 묻고 답하였다.

「몽장변무편후제蒙莊騈拇篇後題」는 장자의 논리를 반박하려는 의도에서 쓴 것이며, 「제여지도후題輿地圖後」는 세계 지도를 본 뒤에 쓴 글로, 당시 문인 학자들의 의식을 엿볼 수 있다. 「사우사기四友社記」는 여러 사람이 곡식을 내어 이익을 도모함으로써 문방사우를 구하는 기반으로 삼는 일종의 계에 대해 쓴 글이다.

「문설文說」은 상·하 2편으로 구성되어 있다. 상편은 문학론에 대한 고촌의 본질적 사유를 기록한 글이다. '문장은 이치理致를 위주로 한다'는 대전제를 정리한 문학론으로, 곧 고촌 문학론의 원론이다. 하편은 이 원론을 바탕으로 한 창작론이다. 「문설」은 문학론의 원론과 학습론, 창작론과 미학에 이르기까지 완벽한 체제와 논리를 갖추어 하나의 완결된 문학론으로 정립하였다. 「계병설戒兵說」·「위치설爲治說」·「관맹변寬猛辨」은 나라를 다스리는 것에 대한 고촌의 견해를 밝힌 글이다. 두 편의 전은 알려지지 않은 인물인 이타李沱와 이돌李突에 대한 기록으로, 이타는 활을 잘 쏘았고 이돌은 재산을 많이 모았으나 신이한 승려를 만나 고생을 한 뒤 사람들에게 재산을 나누어 준 인물이라고 한다.

한편, 고촌의 저작에는 문집 이외에 2종의 일록日錄이 있는데, 『축일쇄록逐日瑣錄』과 『축일만록逐日漫錄』이다. 2종 모두 필사본으로, 고촌의 친필본으로 추정된다. 『축일쇄록』은 기사환국이 일어나던 1689년 9월 14일부터 1697년 7월 17일까지 관직 생활의 일이 기록되어 있다. 특히, 1659년 대조전大造殿에서 효종이 승하한 것과 관련한 기록이 있는데, 이는 당시 예송 논쟁과 붕당 정국 등과 관련하여 남인의 시각을 이해하는 데 중요한 사료로 판단된다. 『축일만록』은 고촌이 관직에서 물러나 고향에서 학문과 후학 양성에 힘을 기울이던 1702년부터 1705년 12월 28일에 이르기까지 일상의 일을 기록한 것이다. 이 시기에 만난 영남의 인사들 및 그들과 나눈 이야기들이 기록되어 있다. 『축일쇄록』과 『축일만록』은 고촌이 관직 생활을 할 때와 관직에서 물러나 전원에 은거할 때 남긴 일상의 기록이다. 여기에는 남인 인사들의 관계망이 촘촘하게 기록되어 있고, 동시에 당시 조정과 학문에 관한 남인의 시각이 뚜렷하게 드러나 있다.

7) 『부지암문집不知庵文集』

부지암 배석일의 문집으로, 2권 1책의 석인본이다. 등암의 9세손 소와素窩 배상우裵相禹는 배석일의 유문이 모두 사라질 것을 우려하여 여러 종친과 뜻을 모아 사재를 내어 유문을 간행하기 위해 노력했다. 그러나 그는 결실을 보지 못하고 결국 세상을 떠나고 말았다. 이후 1938년에 그의 증손인 배동환裵東煥이 유문을 교열하고 교정한 뒤 이탁영李鐸英(1870–1944)의 발문을 받아 1939년에 간행하였다.

본 문집은 권두에 송준필이 지은 서문이 있고, 권말에 이탁영이 지은 발문이 있다. 권1에는 시 112제, 만사 20제가 실려 있는데, 대부분 자연의 아름다움과 산림에 은거하여 심성을 수양하는

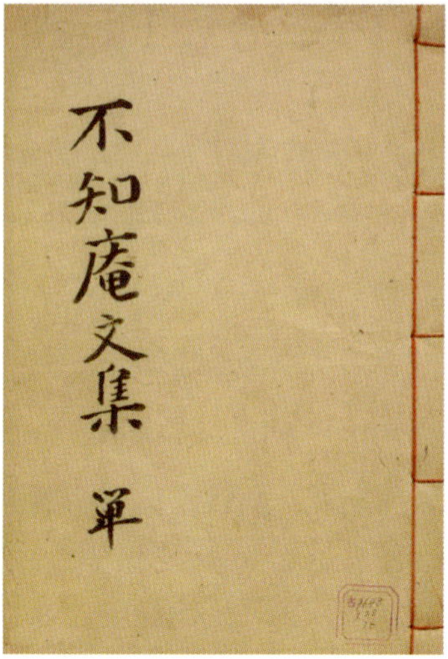

『부지암문집』(국립중앙도서관 제공)

즐거움을 읊거나 다른 사람의 시에 차운한 시들이다. 권2에는 편지 11편이 실려 있는데, 부지암이 류후조·강로姜㳛·한돈원韓敦源·박제원朴齊源·정내석 등과 같은 벗들이나 종친 및 가족에게 보낸 것들이다. 내용은 주로 일상의 안부를 묻거나 학문에 관해 묻고 답하는 글이 많다. 이 외에 부지암이 관청과 종중 등에 보낸 잡저 5편, 서序 2편, 기記 2편, 발문 4편, 명銘 1편, 상량문 1편, 축문 4편, 묘갈명 1편, 묘지명 1편, 행록行錄 1편과 부록으로 구성되어 있다.

종가의 고문헌과
제례

2 등암영각의 제사

『가례家禮』에 따르면 사당[家廟]에는 4대조까지의 신주만 모시고, 친진親盡(신주가 4대를 넘어가는 것)을 다한 5대조의 신주는 조매祧埋(친진한 5대조의 신주를 땅에 묻는 것)를 하거나 최장방最長房(4대 이내의 자손 중에 항렬이 가장 높은 연장자)에게 체천遞遷(친진한 신주를 최장방에게 옮기는 것)하는 것이 원칙이다. 그러나 새로운 제주祭主의 5대조가 되는 인물이 생전에 큰 공훈이 있거나 학덕學德이 높으면 친진을 했다 하더라도 사당에 영구히 모시면서 제사를 지낸다. 이를 '불천위 제사不遷位祭祀'라고 한다.

불천위 조상은 봉안 공간에서도 특별한 대우를 받는데, 우선 4대 조상과 달리 독립된 별묘에 안치된다. 만약 별묘를 세울 형

편이 되지 않으면 가묘에 함께 모시는 예도 있지만, 이때에도 불천위 조상을 우대한다. 즉, '서쪽을 위로 삼는[以西爲上]' 관념에 근거하여, 가장 우위로 인식되는 서쪽에 감실龕室을 추가로 마련하여 불천위 조상을 봉안하는 것이다. 심지어 감실이 네 개인 경우에도 가장 서쪽에 불천위 조상을 모시고, 이어서 고조부·증조부·조부를 모신 다음, 아버지의 신주는 조부가 자리한 감실(동쪽 끝) 앞에 서향으로 별도의 탁자를 마련하여 안치하는 예도 있다. 행례行禮를 통해서도 불천위 조상에 대한 우대 경향을 볼 수 있는데, 4대 조상의 기제사와 달리 불천위 제사는 '대제大祭'로 불리면서 특별하게 인식되며 참사자의 범위도 무척 넓다. 직계 자손은 물론이고, 방계 자손과 외손 그리고 불천위 인물과의 학연 등에 의해 인연을 맺어 온 다른 가문의 후손들까지도 불천위 제사에 참여한다.

불천위는 나라에서 정한 국불천위國不遷位와 유림에서 발의하여 정한 향불천위鄕不遷位(유림불천위)가 있다. 조선 후기 이후 가문에 불천위를 모신다는 것은 조상 숭배의 차원을 넘어 훌륭한 선조의 후손임을 공인받는 것이나 다름없었다. 그러므로 불천위 제사를 통해 해당 문중의 권위와 결속력이 더욱 강화되었다.

등암종가는 등암 배상룡을 불천위로 모시고 있다. 원래는 도천사道川祠에서 등암과 괴재 형제를 불천위 제사로 모셨다가, 도천서원이 1868년 흥선대원군의 서원철폐령에 따라 훼철된 이후 등암영각을 건립하여 등암 영정藤庵影幀을 봉안하였고, 수신晬辰

일인 음력 10월 6일 이른 아침에 후손들이 제향을 모시고 있다.

등암종가는 영각 제사, 추석·설 명절 제사, 4대 봉제사 등 한 해에 11번의 제사를 지낸다. 원래는 한 해에 13번 정도였는데 지금은 조금 줄여 11번이다. 종손 내외는 혼인한 이후 성주에서 4년 정도 살다가 경제적 이유와 자녀 교육 등으로 인해 대구로 이사하였다. 이때부터 대구와 성주를 오가며 제사를 지내는데, 영각 제사와 추석·설 명절 제사는 성주에서 지내고, 4대 봉제사는 대구에서 지내 오고 있다.

설날에는 떡국 제사, 추석에는 송편 제사를 지낸다. 설날에는 오전 7시, 추석에는 오전 6시에 등암영각에 상을 차려 명절 제사를 지낸다. 그리고 대구로 돌아와서 다시 차례를 지낸다. 4대 봉제사는 고조부까지 모신다. 고조부 고비위考妣位는 고위考位의 기일에 고비위를 합설로, 증조부 고비위는 고위의 기일에 고비위를 합설로 모신다. 그리고 조부 고비위는 고위의 기일과 비위의 기일을 따로 챙겨서 모시고, 부모 고비위는 고위의 기일과 비위의 기일을 따로 챙겨서 모신다. 선대 종손 대에는 고조부·증조부·조부·부모의 고비위 기일을 각각 따로 챙겨서 모셨다고 한다.

묘사墓祀의 경우, 진사공의 묘사는 양력 10월 9일에, 문중 전체 묘사는 음력 10월 9일에 지낸다. 예전에는 묘사 때 여러 사람이 모여 묘소에서 묘사를 지냈으나 3~4년 전부터는 오전 7시에 도남재에서 서암과 등암 모두에게 망제望祭를 지내는 것으로 바뀌었다. 이는 코로나19 사태의 영향을 받았을 뿐만 아니라 최근에는 산을 오를 수 있는 지손支孫들이 없기 때문이다.

한편, 예전 선대 종손 내외가 영각 제사를 모실 때는 많은 일가 친척이 와서 식사할 만큼의 상을 차려 냈을 뿐만 아니라 다음날에 잔치까지 하였다. 그렇다고 종가의 경제력이 넉넉한 편은 아니었다. 물론 상속받은 종토宗土를 통해 제사 비용을 마련하지만, 참석한 많은 제관과 일가에게 음식을 대접하기에는 부족하였다. 그래서 어떤 사람은 묵을, 어떤 사람은 단술을 해서 오는 등 일가들이 십시일반으로 제수를 나누어서 준비해 왔다. 종가에서는 적을 굽는다든지, 찹쌀을 빻아 떡을 쪄서 내는 등 주로 손이 많이 가는 음식을 마련하였다.

1) 제사 준비

영각 제사는 음력 10월 6일 등암영각에서 오전 7시에 지낸다. 선대 종손이 계실 때는 오전 6시에 제사를 지냈다. 그러나 2022년 선대 종손이 작고한 뒤로는 다른 지역에 사는 지손들을 배려해서 제사 시간을 오전 7시로 바꾸고, 또 지손들의 혼동을 막기 위해 제사 시간을 오전 7시로 고정하였다. 종손 내외가 대구에 거주하므로 제수의 상당수를 대구에서 마련하지만, 돼지고기 수육이나 큰 솥으로 만드는 음식 등 일부 제수는 성주 도남재에서 준비한다. 이때 동네 할머니들이 1박 2일 동안 도와주고 있다. 제수를 마련하는 사람들은 오전 5시에 오고, 제사에 참석하는 사람들은 오전 6시 30분에 모인다.

제수는 모두 익혀서 올린다. 포는 육포를 비롯하여 말린 문어·말린 가오리·대구포 등을 올린다. 예전에는 선대 종부가 직접 육포를 만들었다고 한다. 어적은 익힌 조기를 쓴다. 선대 종부는 청어를 썼는데, 어느 순간부터 청어를 쓰지 않고 조기를 썼다고 한다. 탕은 3탕으로, 오징어탕·동태탕·두부탕을 쓴다. 그리고 삶은 돼지고기를 올리는데, 적(전)은 올리지 않는다.

편(떡)은 3가지를 쓰는데, 찰떡·시루떡·증편을 쓰고 수수떡은 쓰지 않는다. 선대 종부는 동네 어른들과 함께 편을 직접 만들었으며, 그 당시에는 편을 7가지 썼다고 한다. 지금은 찰떡·시루떡은 사서 쓰고, 증편은 마을 어른들과 함께 직접 만든다.

나물은 5가지를 쓰는데, 도라지·콩나물·시금치·무(흰 부분)·고사리를 쓴다. 시금치 대신 무청(무 이파리)을 쓰기도 한다. 등암종가에는 가을 제사가 많은데 무청이 가을에 맛이 좋기 때문이라고 한다. 과일은 대추·밤·감·배·사과 등 국산 과일을 쓴다.

한편, 도남재에서 종손을 중심으로 소임을 맡을 집사執事를 분정하며, 그 내역을 긴 종이에 붓으로 적은 '집사분정기執事分定記'를 벽에 게시한다. 집사는 보통 초헌·아헌·종헌 등 헌관獻官 3인, 홀기笏記를 읽어 절차를 집행하는 집례執禮 1인, 축문을 맡은 축관祝官 1인, 진설을 맡은 진설陳設 2인, 손님을 주인에게 안내하는 알자謁者 1인, 제사의 진행 절차를 돕는 찬인贊引 2인, 찬자贊者 1인, 향합香盒을 받드는 봉향奉香 1인, 향로를 받들어 향탁香卓에

제수 포(육포·말린 문어·말린 가오리·대구포)

제수 생선(조기)

제수 탕(오징어탕·동태탕·두부탕)

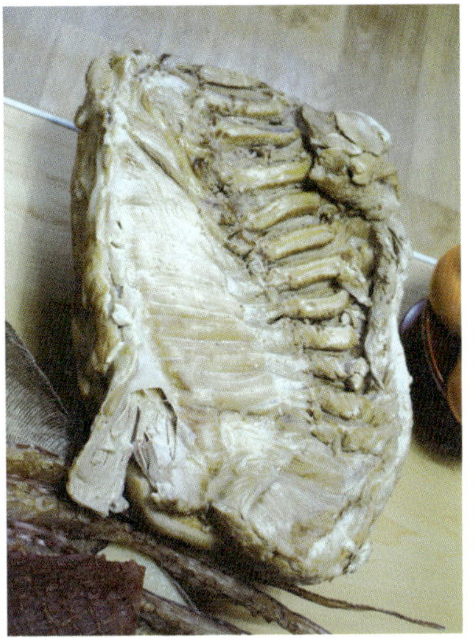

제수 육적(삶은 돼지고기 갈비)

제수 편(찰떡·시루떡·증편)

제수 나물(도라지·콩나물·무(흰 부분)·
시금치·고사리)

집사분정을 논의하는 모습

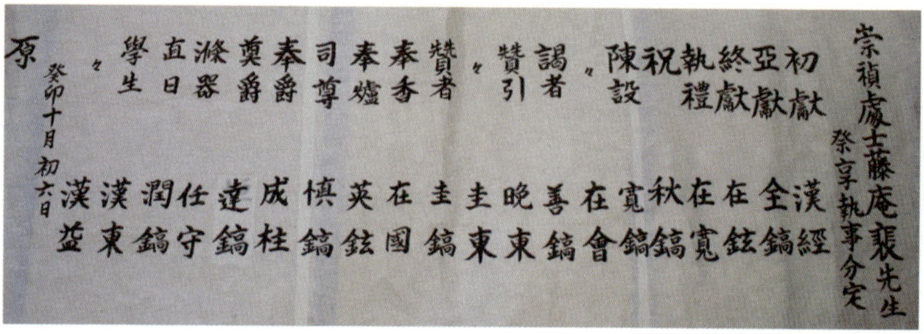

崇禎處士藤庵裵先生
祭享執事分定
初獻 亞獻 終獻 執禮 祝 陳設 〃 謁者 贊引 〃 贊者 〃 奉香 奉爐 司尊 奉爵 奠爵 滌器 直日 學生 〃
漢經 全鎬 在鉉 在寬 秋鎬 寬鎬 在會 善鎬 晩東 圭東 圭鎬 在國 英鉉 愼鎬 成柱 達鎬 任守 潤鎬 漢東 漢益
癸卯十月初六日
原

집사분정기

올리는 봉로奉爐 1인, 제주祭酒 단지를 맡은 사준司尊 1인, 헌관에게 잔을 받아 건네는 봉작奉爵 1인, 잔을 받아 신주 앞에 올리는 전작奠爵 1인, 제기 씻는 것을 담당하는 척기滌器 1인, 제례 전반에 대해 자문하는 직일直日 1인, 학생學生 2인 이렇게 해서 도합

제수를 옮기는 제관들

20인 정도다.

2) 제청 마련

영각 제사는 등암 영정을 모시고 있는 등암영각에서 바로 이루어진다. 이 때문에 제청을 따로 마련하거나 출주出主를 할 필요가 없으며, 출주 전에 미리 1차 진설을 하고 강신降神 이후에 다시 2차 진설을 하는 등의 절차도 필요 없다. 그래서 영각 전면의

▲ 제청 마련 및 진설

▼ 등암 불천위 제사 진설

삼문三門을 먼저 모두 개방한다. 제수는 모두 도남재 오른쪽에 있는 도남1리 마을회관에서 준비하므로, 제관들은 일제히 여기에서 제수를 들고 일렬로 등암영각까지 이동하여 제수를 진설한다. 우선 맨 앞줄에 과일을, 조棗(대추)·율栗(밤)·시柿(감)·이梨(배) 순서로 놓고, 다음에 조과造菓(유과나 약과)를 진설한다. 과일 뒷줄에는 육포·말린 문어·말린 가오리·말린 오징어·대구포 등, 삶은 돼지고기, 조기, 두부, 도라지·콩나물·시금치·무(흰 부분)·고사리 등 5채 숙채熟菜, 오징어탕·동태탕·두부탕 등 3탕, 찰떡·시루떡·증편 3가지 편, 메(밥), 갱羹(국) 등을 진설한다. 적(전)은 올리지 않는다.

3) 참신과 강신

집례자와 찬자가 영각 마당에서 두 번 절을 한 다음, 종손인 초헌관이 삼문三門 안으로 들어가서 진설이 바르게 되었는지 확인한다. 확인이 끝나고 다시 제자리로 돌아오면, 집사자들이 관세盥洗한 뒤에 삼문으로 들어가서 등암 영정을 개독하고 촛대에 불을 밝힌다. 그리고 제사에 참여한 모든 참사자가 등암 영정을 향해 두 번 절을 하는데, 이를 참신參神이라고 한다. 참신은 헌관 이하 참사자들이 조상을 맞이하는 의식이다. 일반적인 불천위 제사에서는 신주에게 두 번 절하지만, 등암종가는 영각에서 제사가 이루어지므로 영정을 향해 두 번 절한다.

다음은 강신降神이다. 강신은 하늘의 혼魂과 땅의 백魄을 제청

▲ 등암 영정 개독

▼ 제관들의 재배

초헌관의 상향

으로 인도하는 의식이다. 향을 피우는 것은 하늘의 혼을 불러오는 것이며, 모사기茅沙器에 술을 따르는 것은 땅의 백을 불러오는 의미이다. 초헌관이 관세 후 삼문 안으로 들어가서 꿇어앉은 다음에 좌·우집사의 도움을 받아 향로에 세 차례 향을 집어넣어 향을 피운다. 향을 피우는 행위 자체를 분향焚香, 향을 세 차례 집어넣는 행위를 삼상향三上香이라 하며, 그런 다음에 두 번 절하고 제자리로 돌아간다. 일반적으로 강신하면 분향하고 모사기에 세 번 짐주斟酒까지 하는데, 여기서는 모사기에 세 번 짐주하는 것을 하지 않는다.

4) 초헌

초헌初獻은 '첫 번째 술을 올린다'는 의미로, 종손이 맡는다. 알자가 초헌을 인도해 손을 씻는 자리에 나아간다. 초헌이 손을 씻어서 닦으면 알자가 초헌을 인도하여 술 단지 앞에 나아가 서쪽을 향해 서게 한다. 사준이 뚜껑을 치우고 술을 뜨면 집사가 술잔(참새 모양의 술잔[爵])으로 술을 받는다. 알자가 초헌을 인도하여 신위神位(영정) 앞에 나아가게 하면 초헌이 무릎을 꿇고 앉는다. 집사 한 명이 술잔을 초헌에게 건네면, 초헌이 술잔을 잡고 헌작獻爵을 한 후 집사에게 건네고 집사는 건네받은 술잔을 신위 앞에 올린다. 축관이 초헌 왼쪽에서 축문을 읽는데, 이를 독축讀祝이라고 한다. 독축이 끝날 때까지 헌관 이하 참사자들 모두 부복俯伏한다. 독축이 끝나면 모두 일어나고 초헌은 두 번 절하고 제자리로 돌아간다. 축문의 요지는 다음과 같다.

維歲次癸卯十月乙亥朔初六日庚辰十三代孫
　漢經 敢昭告于
顯十三代祖考崇禎處士藤庵先生 伏以
　忠孝大節 謙尊老德 道貞學邃
　鄕邦之碩 茲値晬辰 謹以醴齊粢盛
　式陳敢薦 尙
饗

유세차 계묘년(2023) 10월 을해삭 초6일 경진에 13대손 한경이 감히 13대조고 숭정처사 등암 선생 영전에 엎드려 밝게 아뢰옵니다. 삼가 충효의 큰 절개를 세우고 겸양하면서 노성한 덕을 갖추었으며 도는 곧고 학문은 깊었습

집사자가 잔에 술을 부음 ▲

초헌관의 헌작 ▼

축관의 독축

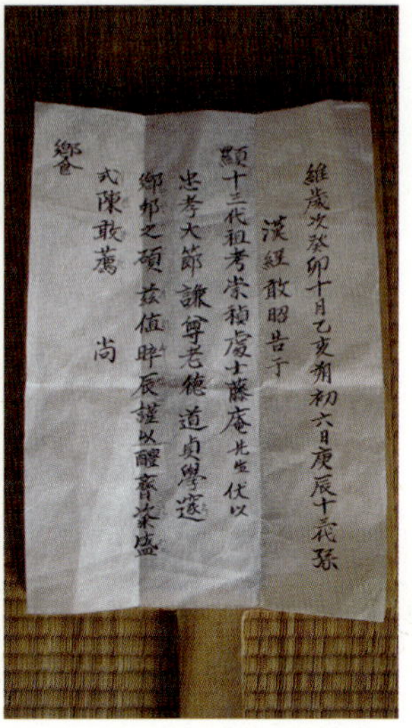

維歲次癸卯十月乙亥朔初六日庚辰十二代孫
漢經 敢昭告于
顯十三代祖考崇禎處士藤庵先生 伏以
忠孝大節 謙尊老德 道貞學邃
鄕邦之碩 玆値時辰 謹以醴齋粢盛
式陳敢薦 尙
鄕會

축문

니다. 고을의 큰선비들이 이에 생신을 맞아 삼가 맛있는 술과 정결한 곡식을 진설하여 감히 올리니, 부디 흠향하옵소서.

5) 아헌과 종헌

초헌이 끝나면 바로 아헌亞獻을 시행한다. 아헌이란 '두 번째로 술을 올린다'는 의미로, 일반적으로 종부가 맡아 집사의 도움을 받아 초헌과 같이 잔을 올리고 사배四拜를 드리는 것이 원칙이다. 그러나 종부가 맡기 어려울 때는 종손 다음의 근친자나 참사자 가운데 나이가 많은 사람이 맡기도 한다. 이날은 12대손 배전호裵全鎬가 아헌을 맡았다. 이때 절차는 초헌과 같이하여 재배

아헌관의 헌작 ▲

종헌관의 헌작 ▼

를 올리지만 축문을 읽지 않는다. 아헌이 끝나면 곧바로 종헌終獻을 행한다. 종헌이란 '마지막으로 술을 올린다'는 의미다. 일반적으로는 참사자 가운데 문중 어른이나 연장자가 종헌을 맡으며, 혹은 멀리서 온 제관이나 오랜만에 제사에 참여한 제관이 있으면 그 사람에게 종헌을 시키기도 한다. 이날은 11대손 배재현裵在鉉이 종헌을 맡았다. 종헌의 예도 초헌과 같이하여 재배를 올리지만 축문을 읽지 않는다. 종헌에서는 술잔을 비우지 않고 그대로 놓아둔다.

6) 유식

종헌이 끝나면 유식례侑食禮를 행한다. 유식이란 '음식을 드시도록 권한다'는 의미로, 조상의 혼령이 생전과 같이 음식을 충분히 흠향하기를 기다리는 후손들의 정성을 엿볼 수 있다. 유식은 초헌이 맡아 행한다. 초헌이 신위 앞으로 나아가면, 우집사가 다른 술잔에 술을 조금 따라 초헌에게 주고, 초헌이 이를 받아 좌집사에게 주면, 좌집사가 이를 받아 초헌관·아헌관·종헌관이 올린 세 잔의 술잔에 술을 조금씩 더하는데, 이를 첨작添酌이라고 한다. 첨작은 조상의 혼령이 식사하면서 반주로 술을 더 드시라는 의미를 담고 있다. 이어서 집사자가 메(밥) 뚜껑을 열고 숟가락 앞이 동쪽으로 향하도록 해서 메에 꽂은 다음 젓가락을 어적魚炙 위에 바르게 놓는데, 이를 '삽시정저插匙正筯' 또는 '계반삽시啓

첨작 ▲

삽시정저 ▼

飯揷匙'라고 한다.

삽시정저를 한 다음 초헌 이하 참사자들이 모두 부복하고, '합문闔門'을 행한다. 합문이란 '문을 닫는다'는 뜻으로, 조상의 혼령이 안심하고 식사할 수 있도록 문을 닫고 기다리는 절차이다. 혼령이 식사를 하는 동안 초헌 이하 참사자들은 모두 부복하여 기다리는데, 기다리는 시간은 『예기禮記』의 언설에 따라 9식경食頃 정도로, 밥 아홉 숟가락 뜰 정도의 시간을 말한다. 이 정도의 시간이 흐르고 축관이 세 번 기침 소리를 내면 모두 부복에서 일어나 문을 연다. 이를 '개문開門'이라고 하는데, 식사가 끝났다는 의미이다. 그리고 초헌이 두 번 절을 한다.

식사 후 차나 숭늉을 마시듯 제상에 놓은 갱(국)을 내리고 차나 숭늉을 올리는데, 이를 '헌다獻茶' 또는 '진다進茶'라 한다. 『주자가례朱子家禮』에 보이는 의식으로, 차가 흔했던 중국에서는 당연한 의식이었지만, 우리나라에서는 차를 올리는 것이 쉬운 일이 아니었다. 그래서 차 대신 숭늉을 만들어 올리거나 숭늉의 의미로 물에 밥을 세 번 떠서 마는 것으로 이를 대신하기도 하였다. 이후 숭늉을 드실 시간을 드리기 위해, 초헌 이하 참사자들이 잠시 3~4분간 읍揖하고 있다가 축관이 큰기침을 하면 고개를 든다. 집사자가 숭늉 그릇에 놓인 숟가락과 젓가락을 내리고 메 뚜껑을 닫는 '철시복반撤匙覆飯'을 하고, 초헌은 제자리로 돌아간다.

7) 음복, 철변두, 망예, 사신

알자는 초헌관을 이끌고 '음복飮福'할 자리에 나아가 서쪽을 향해 꿇어앉도록 한다. 음복은 '조상이 내리는 복을 받는다'는 뜻으로 술과 제사 음식을 나누어 먹는 절차이다. 축관은 헌관의 왼쪽에서 북쪽을 향해 앉고, 집사자가 술잔을 축관에게 건넨다. 축관은 술잔을 헌관에게 주고, 헌관은 술잔을 받아서 다 마시면 축관은 빈 잔을 다시 받아서 제자리에 놓는다. 원래 축관이 제사 지낸 고기를 헌관에게 건네면 헌관은 그것을 받아서 먹는데, 이날은 축관이 제사 지낸 나물을 헌관에게 건넸다. 축관이 제자리로 돌아가고 헌관은 부복하고 일어나 제자리로 돌아간다.

다음은 '철변두撤籩豆'이다. 철변두란 제사상에 놓은 제기祭器를 거두는 것으로, 조상의 혼령을 보내는 절차이다. 축관이 삼문 안으로 들어가서 제기를 치우고 다시 제자리로 돌아오면 초헌 이하 참사자들이 모두 두 번 절을 한다. 초헌이 삼문 안으로 들어가서 등암 영정을 모신 감실 문을 닫고, 곧이어 초헌과 축관이 축문을 항아리에 봉하는 망예례望瘞禮를 행한다. 원래는 축관이 자손의 기원을 조상의 혼령에게 전달하고자 사용한 축문祝文을 불에 태우는 '분축焚祝' 절차인데, 이날은 축문을 항아리에 봉하는 것으로 대신하였다.

'분축'은 '소지燒紙'라고도 하는데, 제사를 받든 사람들은 축문을 읽고 분축하지 않는다면 자신들의 기원이 충분히 전달되지

▲ 초헌관의 음복

▼ 축문을 항아리에 봉안함

참사자들의 음복

않았다고 생각한다. 축문을 읽지 않은 경우라 하더라도 반드시 분축을 행하기도 한다. 분축할 때 나는 연기와 그을음이 하늘 높이 올라가야 좋다고 생각하고, 손바닥으로 높이 솟아오르게 하고자 하는 시늉을 한다. 분축으로 인해 발생하는 연기는 후손의 희망과 기원을 조상의 혼령에게 전달하여 감응토록 하는 매개체 역할을 한다고 볼 수 있다.

분축을 한 뒤에는 초헌 이하 참사자 전원이 자리로 돌아가 두 번 절을 하는데, 이것이 곧 조상의 혼령을 떠나보내는 작별 인사로서의 사신례辭神禮이다. 영당에서 제사를 지내므로 사신례를 마치고 신주를 다시 사당으로 모실 일도 없다. 그래서 바로 철상撤床을 하고 모든 제수를 마을회관으로 옮긴다. 초헌 이하 참사자들도 모두 마을회관에 모이고 포와 편 등으로 차려진 음복상이 마련되면 음복하는 것으로 제사 절차가 모두 마무리된다.

제4장
종가의 건축문화

종가의
건축문화

1 도남재道南齋

도남재는 경북 성주군 대가면 뒷개 마을에 있다. 입구에 들어서면 태극 문양이 그려진 홍살문이 세워져 있는데, '창의문倡義門'이라고 적힌 현판이 걸려 있다. 홍살문을 지나면 도남재가 나온다. 도남재는 곧 도천서원道川書院으로, 등암종가의 종택 역할을 대신하는 중심 건물이다. 종손은 "도남재 우측 앞의 공터가 원래 종택이 있던 자리입니다. 종택을 헐고 다시 지으려고 했는데 사정이 여의치 못해 다시 짓지 못하고 있는 실정입니다."라고 하였다. 종택이 없는 현재 등암종가의 대소사는 모두 이 도남재에서 이루어지고 있다.

1725년(영조 1) 성주의 사림들은 등암 배상룡과 괴재 배상호 형

도남재

제의 학문과 덕행을 추모하기 위해 사뢰촌思瀨村(성주군 가천면 장천리 사뢰촌) 동쪽 기슭에 도천서원을 건립하고 위판을 봉안했으며 영정은 감실에 모셨다. 여기는 바로 뇌촌정사瀨村精舍의 옛터였다. 1607년 봄에 등암은 한강 선생에게 편하게 왕래하기 위해 무흘산武屹山 아래, 회연檜淵 위에 뇌촌정사를 건립하였다.

사뢰촌은 성주의 신령스러운 땅으로, 무릉도원처럼 아름다운 곳이다. 그래서 큰 인물이 은거하기 알맞은 곳이었다. 이곳은 우뚝한 산과 기이한 봉우리가 좌우로 늘어서 있고 만 겹의 붉은 노을이 앞뒤로 비치고, 맑은 물과 세찬 여울이 앞뒤로 휘두르며,

도남재 전경

흰모래밭이 십 리에 펼쳐져 있다. 도남재에 앉아서 독용산禿用山을 마주하면 빼어난 산빛이 늘 책상에 들어오고, 누워서 가야산伽倻山을 바라보면 맑은 안개가 마당을 벗어나지 않았다. 이러한 점에서 이곳은 참으로 아름답다고 할 만하며 큰 인물의 은거지로 알맞았다. 샘물은 달고 토양은 비옥하여 우물 파서 물 마시고 밭 갈아서 곡식을 먹을 만했다. 숲과 골짜기는 그윽하고 깊숙하여 나물 캐어 먹고 낚시하여 반찬을 만들 만했다. 이끼가 낚시터에 끼이자 부춘산富春山의 여울과 닮았고, 뽕나무와 삼대가 들판에 가득하여 무릉도원의 도화원과 같았다.

도남재 편액

도천서원 건립 이후 중간에 시냇물이 범람하여 사당이 무너지는 불상사가 발생하였다. 성주의 사림들은 재앙을 만났다고 해서 이대로 서원을 없앨 수 없다고 하며 등암이 대대로 살던 고향인 뒷개 마을을 살펴보고 서둘러 터를 잡았다. 그리고 1786년(정조 10)에 도천서원을 뒷개 마을의 옛터로 이건하여 위판을 봉안하고 왼쪽에 괴재 배상호를 병향하였다.

1868년(고종 5) 흥선대원군의 서원철폐령에 따라 서원이 훼철되었다. 이후 후손들은 의지할 곳을 잃었을 뿐만 아니라 제사를 받들어 모실 수 없었고 집안에 찾아오는 손님을 대접할 수 없었다. 그래서 1899년(고종 36) 봄에 서원 옛터의 남쪽에 건물을 짓기 시작해 여름에 공사를 마쳤다. 서원이 도천道川의 남쪽에 있으므로 '도남재道南齋'라고 편액했는데, '도남'이라는 이름에는 정자程子가 남쪽으로 가는 양시楊時에게 "오도가 남쪽으로 간다.[吾道南之]"라고 했던 말에서 따온 것이기도 하다.

1936년 8월 27일 태풍을 동반한 집중 호우가 경상북도를 강타하였다. 이로 인해 하천이 곳곳에서 범람하고, 또 산사태를 비롯한 농경지 유실, 인명 피해 등도 함께 발생하였다. 이때 도남재 역시 하천의 범람으로 인해 떠내려갔다. 이후 도남재 건물은 복원되지 못하고, 종친의 일반 가옥에 도남재 현판을 걸고 재실로 사용하였다. 그러다가 1975년에 현 건물로 중건하였다. '도천서원' 현판은 현재 안동의 한국국학진흥원에 기탁되어 보관되고 있다.

도남재는 본당과 솟을대문, 그리고 관리사로 이루어져 있다. 본당은 정면 5칸, 측면 1칸 반의 팔작지붕으로, 중앙에 2칸 대청마루를 두고, 좌측에 2칸, 우측에 1칸의 온돌방을 둔 중당협실형 구조이다. 도남재와 등암영각藤庵影閣 사이에 '성균진사성산배공보사단비成均進士星山裵公報祀壇碑'가 있다. 성산배씨 진사공파의 파조인 성균진사 배현裵俔의 보사단비이다.

2 등암영각藤庵影閣

등암 배상룡의 영정影幀은 1725년 사리촌에 건립된 도천서원의 감실에 모셔졌다가, 1786년에 도천서원을 뒷개 마을로 이건하면서 그곳에 모셨다. 그러나 1868년의 서원철폐령에 따라 서원이 훼철되면서 영정을 임시로 전인촌全仁村의 누추한 곳에 모셨다가, 1880년(고종 17) 봄에 뒷개 마을 서원 옛터의 동쪽에 한 칸의 집을 지어 등암 영정을 옮겨와 봉안하였다. 이후 건물이 노후하여 1942년에 건물을 중수하고, 영정을 봉안한 뒤에 매년 음력 10월 6일에 향사를 올리고 있다. 2005년에 도비로 건물을 다시 중수하였다.

등암영각 앞 계단 입구에 배롱나무[百日紅] 두 그루가 있는데,

등암영각

등암영각 편액

등암 영정

한 그루는 가지가 6개, 다른 한 그루는 가지가 3개로 솟아올랐다. 수령은 현재 300년 정도로 높이는 12m, 둘레는 1m이고, 경상북도가 2005년 9월에 보호수로 지정하여 관리하고 있다. 배롱나무에는 현재도 붉은 꽃이 만발하는데, 종가 어른에 따르면, "배롱나무는 일종의 일기 예보 역할을 합니다. 봄에 잎이 한번에 나면 비가 한꺼번에 내리고, 잎이 차례차례 나면 비가 차근차근 옵니다."라고 한다. 등암과 괴재 형제의 우애가 남달랐는데, 이를 상징하듯 배롱나무 두 그루는 마주 보고 서 있다.

등암영각 앞 두 그루의 배롱나무

종가의
건축문화

3 숭조대崇祖臺

33번 국도에서 뒷개 마을로 들어가면 마을 입구에 '숭조대崇祖臺'라고 새겨진 큰 바위가 나오고, 뒤편으로 7개의 큰 비석이 줄지어 우뚝하게 서 있다. 이곳은 바로 성산배씨 진사공파 등암 종가의 숭조대이다. 1920년에 서암 배덕문의 신도비를 세우고, 2004년 9월에 서강 배설 장군의 신도비, 고암 배건의 유허비, 등암 배상룡의 유허비, 괴재 배상호의 유허비를 세웠다. 이후 2007년 10월에 교남嶠南 배기훈裵基薰의 송덕비를 세웠고, 2008년 1월에 명암 배즙의 유허비를 세웠다.

숭조대

4 식호정式好亭

식호정은 고촌 배정휘가 1706년에 가천伽川의 고촌孤村으로 옮겨 살면서 지은 정자이다. 냇물이 하연荷淵에서 동쪽으로 흘러가면 중산리中山里에 이르고, 다시 꺾여 서쪽에서 곡수曲水가 된다. 이곳의 안쪽은 동서의 거리가 백 걸음쯤 되고, 남북으로 수백 걸음의 거리가 되어 아담한 경계를 이룬다. 고촌의 형제들은 북쪽 가까이 정자를 짓고, 아침저녁으로 함께 지내기 위해 방 두 칸에 마루를 크게 하여 정자 이름을 '식호정式好亭'이라 하고, 그 방을 '구이실具爾室'이라 하였다. '식호式好'는 『시경』「소아小雅·사간斯干」의 "질서정연한 물가요 그윽하고 그윽한 남산이로다 / 대나무가 총생하는 듯하고 소나무가 무성한 듯하도다 / 형과 아우가

서로 좋아하고 서로 도모함이 없으리로다.[秩秩斯干 幽幽南山 如竹苞矣 如松茂矣 兄及弟矣 式相好矣 無相猶矣]"라고 한 구절에서 취한 것으로, 형제의 깊은 우애를 의미한다.

고촌의 형제는 배성휘裵聖徽·배원휘裵遠徽·배익휘裵益徽·배진휘裵晉徽 등으로, 오 형제이다. 이들 형제가 식호정에서 가끔 갈건葛巾을 쓰고 짧은 나막신을 신고 시내를 오르내리면, 해오라기가 벗처럼 가까워지고, 물고기가 거만하여 허물없이 말을 건네었으며, 이들 형제는 탁주를 처음 열고 물에 낚시질하여 안주를 갖추고, 기장을 익혀 밥을 지으며, 산나물을 뜯어다가 입맛을 돋게 하였다. 이것이 바로 고촌의 형제들이 정자에서 즐기는 즐거움이었다.

고촌은 「식호정십절式好亭十絶」이라는 시를 통해 식호정의 아름다운 풍경 10가지를 읊었는데, 여기서는 2편을 감상하도록 하겠다.

연못에서 노니는 물고기[菏淵遊魚]

뾰족한 바위 그림자 연못 물결 반을 차지하니 巖稜倒影半淵波
천천히 걷는 가벼운 몸으로 몇 번이나 지났던가 步穩身輕幾度過
물고기의 즐거움은 물가에서만 알 수 있거늘 魚樂只從濠上得
장자와 혜자는 어찌 그리 말이 많았던가? 當時莊惠語何多

– 배정휘裵正徽, 「식호정십절式好亭十絶」, 『고촌선생문집孤村先生文集』

식호정

말촌의 저녁 연기[末村暮煙]

바위의 석양이 깊은 숲속에 들어오고　　巖邊落照入深林
마을의 밥 짓는 연기가 먼 산을 뒤덮네　　村下炊煙抹遠岑
여기는 원래 이런 경치가 많으니　　此地由來多此景
다시 시인의 짧고 긴 시를 더하누나　　更添詩客短長吟

– 배정휘裵正徽, 「식호정십절式好亭十絶」, 『고촌선생문집孤村先生文集』

위의 첫 번째 시는 연못에서 노니는 물고기에 대해서 읊었다. 물고기의 즐거움은 물가를 거닐면 자연스럽게 알게 되는데, 장자

식호정 편액

莊子와 혜자惠子는 어찌 그리 말이 많았냐고 하였다. 이는 '호상관어濠上觀魚'의 고사를 인용한 것이다. 『장자莊子』「추수秋水」편을 보면, 장자가 친구 혜자와 함께 호수濠水의 다리를 거닐다가 "물고기가 나와 유유히 노닐고 있으니, 이것은 물고기의 즐거움이야."라고 하자, 혜자가 "그대는 물고기가 아닌데, 어떻게 물고기의 즐거움을 아는가?"라고 하였다. 장자가 "그대는 내가 아닌데 어떻게 내가 물고기의 즐거움을 알지 못한다는 것을 아는가."라고 하자, 혜자가 "본디 나는 그대가 아니니 그대를 모르네. 그대도 본래 물고기가 아니니 그대가 물고기의 즐거움을 알지 못하는 것이 분명하네."라고 하였다. 장자는 "이야기의 근본으로 되돌아가 보세. 방금 그대가 내게 그대가 어찌 물고기의 즐거움을 아느냐고 물은 것은 내가 물고기의 즐거움을 아는 것을 이미 그대가 알았기 때문이네. 나는 호수의 다리 위에서 그 즐거움을 아

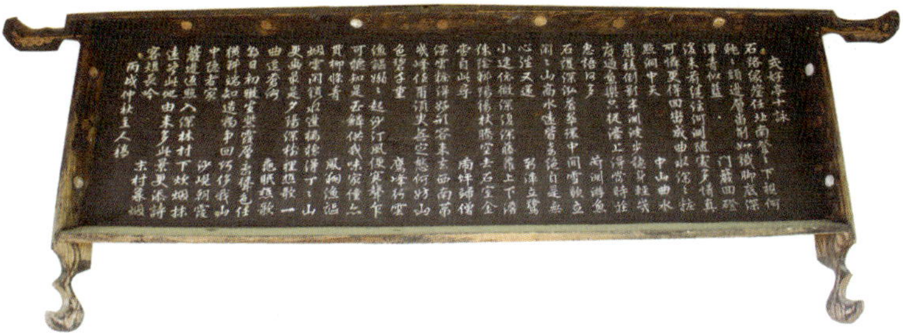

식호정십영

는 것이지."라고 하였다.

두 번째 시는 말촌의 저물녘에 밥 짓는 연기에 대해 읊었다. 석양이 깊은 숲속에 드리우고 밥 짓는 연기가 먼 산까지 뒤덮었다. 이는 말촌의 저녁 풍경이다. 고촌은 여기에 자신의 시를 읊어 농가의 저녁 풍경을 더욱 아름답게 하였다.

고촌은 이 밖에도 「문암의 비탈길[門巖回磴]」, 「중산의 곡수[中山曲水]」, 「새 연못에 서 있는 백로[新潭立鷺]」, 「호평에 돌아가는 스님[虎坪歸僧]」, 「응봉에 떠가는 구름[鷹峯行雲]」, 「봉황이 어부의 노래에 춤춘다[鳳翔漁謳]」, 「거북이 초가에서 잠을 자다[龜眠樵歌]」, 「사현의 아침노을[沙峴朝霞]」 등의 시를 읊어 식호정의 운치를 더하였다.

제5장

등암종가를 지키는 사람들

등암종가를 지키는
사람들

1 등암 종손의 삶

종가는 유교적 가계 제도의 종법宗法에 따라 족보상 문중에서 맏아들로 이어져 온 큰집을 말하며, 조상의 제사를 모시고 가문의 전통과 문화를 계승하는 역할을 한다. 종가의 역할은 시대에 따라 변화해 왔다. 과거에는 종가가 문중의 최고 권위를 가진 존재로서, 문중의 재산과 인적 자원을 통제하는 역할을 했다. 그러나 우리 사회는 산업화·도시화·세계화 등을 거쳐 현재는 지능정보기술(ICT)의 융합으로 이루어지는 4차 산업혁명의 시대를 맞이하고 있다. 이러한 급속한 사회적 변화 속에 유교문화의 가치가 급속히 약화하면서 종가의 역할도 상당히 축소되었을 뿐만 아니라 종가의 전통과 문화를 보존하고 전승하는 것조차 쉽지 않은

등암종가의 종손과 종부

상황이다.

종가의 대표로서 가문을 책임지고 운영하는 사람은 종손과 종부이다. 과거의 종손과 종부는 조상의 터전을 지키며 크고 작은 제사를 집행하는 중심이자 가문과 지역사회를 대표하여 공론 형성을 주도하는 핵심 인물이었다. 그러나 현재는 종손과 종부를 떠받치던 인적·물적 존재와 이들의 권한은 사라져 가고, 전통의 무거운 짐만 고스란히 떠안고 있다. 현재의 종가는 전통과 문화를 계승·발전시키느냐, 아니면 시대의 변화에 따라가지 못

종손과의 면담

해 사라질 것이냐 하는 갈림길에 선 상황이다. 이러한 어려운 상황 속에서 성주 향내에서도 알아주는 등암종가의 종손과 종부는 본연의 역할을 묵묵히 실천하고 있다.

등암의 13대 종손 배한경裵漢經은 1948년생으로 2024년 현재 77세이다. 종손의 아버지 배양호裵良鎬는 인자한 성품으로 조합장을 역임하였다. 특히, 서원의 원장을 여러 번 역임할 정도로 한학에 조예가 깊었다. 어머니는 일선김씨一善金氏로, 문충공文忠公 점필재佔畢齋 김종직金宗直(1431–1492)의 후손이다. 고령의 개실마을에서 시집왔는데, 쌍리면 도연재道淵齋 뒷집이 바로 종손의 외갓집이다. 선대 종부는 막내딸로 귀여움을 받으며 성장하여 등암종가로 시집을 왔다.

종손 교육은 대개 할아버지로부터 이루어진다. 종손의 할아버지는 일초一樵 배재희裵在羲(1891~1977)로, 매달 음력 초하룻날과 보름날이 되면 등암 영정에 분향한 다음 두 번 절했는데, 한 번도 빠진 적이 없었다. 종손은 어렸을 때 할아버지와 함께 자고 밥상도 함께 받는 등 할아버지로부터 많은 사랑을 받았지만, 많은 걸 배우지 못했다고 겸손하게 말한다. 하지만 할아버지와 먹고 자고 함께 생활하면서 자신도 모르게 종손으로서 갖춰야 할 덕목과 자세를 자연스럽게 익혔을 것이다. 꼭 책을 읽어야 배우는 것이 아니다. 증자曾子의 제자 공명선公明宣이 스승의 문하에 있으면서 독서를 하지 않고 스승의 모범적인 행동을 보고 따라 배움으로써 큰 성취를 이루지 않았던가.

종손은 성주군청에서 공직 생활을 시작하였다. 이 무렵 중매로 지금의 종부를 만났다. 종부의 고향은 충청북도 보은인데, 친정아버지가 대구에서 사업을 하여 종부는 대구에서 고등학교를 졸업하였다. 두 사람은 종손의 사촌 누나와 종부의 고모가 중매하여 혼인했는데, 종부는 시집올 때 종손의 집이 종갓집인 줄 몰랐다가 한참 뒤에 알았다고 한다. 두 사람이 처음 만났을 때 종부는 종손의 적극성에 자신도 모르게 마음이 끌리었고, 또 친정아버지의 "그 집이 밥은 안 굶겠더라."라는 말에 혼인을 결심하여 백년가약을 맺었다. 종손은 지금도 종부가 일도 잘하고 인간관계도 굉장히 좋다고 하면서 "당신 하고 싶은 거 얼마든지 해라.

얼마든지 지원해 줄게."라고 한다. 첫 만남에서 종손이 종부에게 적극적이었던 이유를 짐작할 수 있다.

종손은 성주군청에서 근무할 때 능력을 인정받기도 하였다. 종손이 통신부서에 근무하면서 행정자치부로부터 전국 정보화 시범 마을로 지정을 받은 것이다. 해당 사업은 행정자치부가 주관이 되어 도농 간의 정보화 격차 해소 및 농어촌 지역의 경쟁력을 강화하는 것이 핵심 과제였다. 종손에게 시범 마을로 선정된 비결을 물으니 "사람이 많은 것보다 능력이 뛰어난 한 사람만 있으면 돼요. 정보화 경연대회에서 우리 직원이 1등을 했어요. 그래서 정보화 시범 마을로 지정을 받았어요."라고 하였다. 우리 속담에 "사공이 많으면 배가 산으로 간다."라는 말이 있다. 사람들이 많으면 각자 자기주장만 내세우다가 일을 그르치기 쉽다는 의미이다. 종손은 사업의 성격을 정확하게 파악한 후 과제를 효율적으로 추진하여 좋은 결과를 얻은 것 같다.

종손과 종부는 혼인한 이후 성주에서 4년 정도 살았으나 공무원 월급이 박봉이라 살림이 넉넉하지 않았다. 그뿐만 아니라 큰애가 초등학교에 입학해야 하였다. 그래서 어쩔 수 없이 대구로 이사를 하였고, 종손은 대구에서 성주군청으로 출퇴근하였다. 이때 종부의 친정아버지가 대구에서 사업을 계속하고 있어서 종부는 자연스럽게 그 사무실에 나가 경리 일을 시작하여 28년 정도 근무하였다. 종손과 종부는 대구로 이사한 이후 지금까지 대구와 성주를 오가며 종가의 대소사를 처리하고 있다.

등암종가는 등암 배상룡을 불천위로 모시고 있다. 도천서원이 1868년 대원군의 서원철폐령으로 훼철된 이전까지는 도천사道川祠에서 등암과 괴재 형제분을 불천위 제사로 모시었다가, 그 후 등암영각을 건립하여 등암 영정藤庵影幀을 봉안하여 수신晬辰 일인 음력 10월 6일 새벽에 후손들이 제향을 모시면서 오늘에 이르고 있다.

등암종가는 예전에 추석·설까지 13번 제사를 지냈는데, 현재는 줄였을 뿐만 아니라 4대 봉제사를 대구로 모셔 간 지 한 20년이 되었다. 종손 내외가 처음에 제사를 대구로 모셔 간다고 하자, 선대 종손이 제관들이 성주에 많다는 이유로 반대하였다. 그러나 선대 종부가 자주 아프고, 또 현 종부가 당시 대구에서 직장 생활을 하고 있어서 서로 시간을 맞추기가 어려웠다. 그래서 4대 봉제사만 대구로 모셔 가고 영각 제사와 추석·설 명절 제사는 성주에서 지내기로 하였다.

종손은 12~13년 전에 주연회冑筵會라는 모임에 가입해 열심히 활동하고 있는데, 이 모임은 성주의 종가 모임이다. 종손은 2023년에 주연회 회장을 맡아서 모임을 이끌고 있다. 종손은 회장으로서 남에게 부끄럽지 않기 위해 큰 노력을 기울이고 있다. 문화원의 한시창작반에 들어가서 한시 창작을 배우거나 복지관에 가서 붓글씨를 배우기도 한다. 특히, 보학譜學(각 성씨의 계보에 관한 지식이나 학문)에 관해 잘 알지 못해 성주유도회 회장인 배재관 어른에게 많이 배우고 있다.

종손은 다른 문중에 가서 종손 소리를 들으면 "이렇게 미미한 사람이 여기서 이런 대접을 받는 게 보람이고, 또 '서암 종손' 이렇게 불러 주니까 자부심을 느끼지요."라고 하였다. 종손은 이런 자부심으로 차종손에게 문중을 위해 봉사할 것을 강조하면서 그렇게 해야 문중의 지손들이 자연스럽게 봐 준다고 하였다. 2023년 11월 18일에 있었던 영각 제사에서 동분서주하던 차종손 내외의 모습이 무척 인상 깊었는데, 아래와 같은 종손의 가르침이 있었다.

> 질문: 차종손이 어떻게 이어가 주기를 바라시는지요?
>
> 종손: 과연 나처럼 할까 싶지 않지만, 자식에게 종손의 역할에 대해 주지를 시킵니다. 종손은 다른 문중에 많이 가 봐야 해요. 혼자 힘으로 안 되면 남하고 같이 친해져야 해요. 다른 종가도 가 보고 향사도 가 보고 유림 단체에 무조건 발을 넣어야 해요. 그리고 『등암선생문집』이 있으니까 문집을 상세하게 읽고 그 모범을 따르라고 이야기도 하지요.

차종손 배규동裵奎東은 1978년생으로 2024년 현재 47세이다. 종손은 차종손에게 자기처럼 하기는 어렵지만, 그래도 종손 역할을 잘하기 위해서는 다른 종가에 가 보고 향사도 가 보며, 또 유림 단체에 반드시 가입해서 활동하는 등 혼자가 아니라 다른 종가의 사람들과 친해지라고 강조한다. 특히, 차종손에게 『(국역)

성주유도회 배재관 회장(등암종가 배재관 제공)

등암선생문집』을 부지런히 읽으라고 강조한다. 종가의 전통과 문화는 제례·문중 행사·생활 문화 등을 통해 전승되지만, 특히, 종가의 정신문화는 문집과 같은 문헌을 통해 전승된다. 이렇듯 종손은 차종손에게 등암종가의 정신문화를 배우고 실천하도록 강조하고 있다.

예전에는 설날에 집안 어른이나 마을 어른들을 찾아뵙고 예를 갖추어 새해 인사를 올리고 건강을 기원하는 문안 인사, 즉 '세배'를 드렸다. 그러나 언제부터인가 이런 고유의 미풍양속을 찾아보기가 어렵다. 등암종가의 '세배' 문화에 대해 성주유도회 회장인 배재관(1942년생) 어른은 다음과 같이 말하였다.

질문: 이 종가만의 자랑이 있으신지요?

배재관: 원래 우리 등암 할아버지가 덕은 숨기고 의는 행하신 도덕군자道德君子로 칭송받으셨어요. 우리 문중은 전에 섣달그믐날 재실과세를 했어요. 60세 이상 노인들이 재실에 모여서 작은방은 상노인, 큰방은 중노인을 모시고, 닭이 울면 후손들이 세배해요. (상노인은 연세가 어느 정도 되는지요?) 옛날에는 수를 못 했으니까 70세 이상이면 상노인으로 모셨지요. 과세하면 자기 부친이나 조부가 계시면 문을 열고 밖에서 절하고 방 안에 들어가서 세배합니다. 안노인들은 집마다 찾아가서 세배했는데, 그게 무리가 온다고 해서 정월 초사흘에 재실에서 합동 과세를 했어요. 최근에 코로나 19 사태 전까지 그렇게 했어요.

등암종가에서는 예전에 재실에서 과세過歲(설을 쇰)를 하였다. 70세 이상의 상노인은 재실의 작은방에, 60세 이상의 중노인은 큰방에 모신 뒤에 닭이 울면 후손들이 세배하였다. 과세할 때 부친이나 조부가 방에 계시면 문을 열고 밖에서 절하고 들어가서 세배를 드린다. 안노인들도 정월 초사흘에 재실에서 합동으로 과세하였다. '코로나19' 사태가 있기 전까지 그렇게 하였다. 세배문화가 희박한 요즘에도 이렇게 이어지고 있는 등암종가의 세배문화는 충효를 강조한 집안의 가풍을 충실하게 계승하고 있다는 점에서 종가의 자랑거리이다.

종손은 현재 등암종가에 교수·교장·의사·유학자·관계·재계 등 여러 방면에서 두각을 내는 분이 많다고 소개하였다. 특히, 문중 자재 중에 1994년에 치러진 첫 대학수학능력시험에서 전국 수석을 차지한 후손(배호필)이 나왔다고 자랑하면서 문중 발전을 위해 뛰어난 인재가 많이 배출되는 것이 종손으로서의 바람이라고 하였다.

질문: 종가가 어떻게 보존되기를 바라시는지요?

종손: 종가는 이어져야지요. 우리 뿌리인데, 그 문중의 가풍이나 봉제사 접빈객이 지금처럼 이어지기를 바랍니다. 옛날에 우리 집에 제사를 지내면 종인들이 많이 왔어요. 옛날에는 곡제사를 지냈는데, 그 소리를 듣고 동네에서 오늘 등암종가 제사인 줄 그렇게 알았다고 합니다. 그리고 종가의 유지와 운영은 힘이 많이 드는데, 집을 관리하려면 돈이 많이 들어요. 내가 생각할 때는 종택은 국가에서 지원금 등을 통해 보살펴 줘야 해요.

종손은 종가는 우리의 뿌리이므로 가풍이나 봉제사 접빈객과 같은 종가 문화가 계속 이어져야 한다고 강조하였다. 예전에는 종가에서 제사를 지내면 문중에서 다 모여 십시일반 힘을 보태어 종손으로서 힘든 게 덜했는데, 지금은 종가를 유지하고 운영하는 데 힘이 많이 든다. 특히, 종가 건물을 관리하는 데 비용이 많이 드는 실정이다. 현재 종택의 본채, 사랑채, 헛간, 마구간에서

물이 새는 등 건물 노후로 인해 종택을 다시 지으려고 철거하였다. 그러나 '코로나19' 사태를 거치면서 건축 비용의 상승으로 인해 종택을 다시 짓지 못하고 있는 상황이다.

현재 대한민국의 많은 종가가 사라질 위기에 놓인 상태다. 종가뿐만이 아니다. 종가에 의해 형성된 수많은 유무형의 문화자산 역시 사라지고 있다. 이렇게 한번 사라진 종가는 다시 복원하기 어려우므로 너무나 안타깝다.

등암종가를 지키는
사람들

2 등암 종부의 삶

등암의 13대 종부 김영순金英順은 1953년생으로, 2024년 현재 72세이다. 아버지는 평생 사업을 하신 분으로 성격이 직설적이고 바른 소리를 잘했으며, 어머니는 온화한 성품을 지녔다. 종부는 중매로 종손과 혼인했는데, 첫 만남 이후 종손의 적극적인 관심에 자신도 모르게 이끌리게 되었다고 한다. 혼인한 이후 성주에서 생활했는데 종손은 8남매의 장남으로, 밑에 남동생 2명, 누이 5명이 있다. 종부는 "시집을 오니까 해마다 혼인잔치예요. 그런 걸 보면서 그 당시 내가 왜 여기로 시집을 왔지? 하는 생각을 했지요."라고 하였다. 종부는 사업하는 아버지를 따라 대구에서 성장하였기에 종손과는 성장 배경이 전혀 달랐다.

등암종가의 종부

종부는 혼인한 뒤에 선대 종부가 시댁 풍습을 알아야 한다고 해서 1년 남짓 시부모를 모시고 살았다. 이때는 시조부도 살아 계셔서 손님이 매우 많았다. 종부는 처음에 부엌에 걸려 있는 11개 정도의 외상과 겸상이 어디에 어떻게 쓰이는지 몰랐다고 한다. 이후 어른들에게 묻지도 못하고 생활하면서 이런 상들의 용도를 알게 되었는데, 그때 "아이고, 이렇게 고생이 많구나!"라고 느끼면서, 시어머니께서 정말 고생하신다는 것을 알았다고 한다.

종부는 시부모의 배려와 응원이 큰 힘이 되었다고 한다. 선대 종손은 며느리에게 심적으로 부담을 주지 않으려고 무척 애를 썼다. 특히, 종부가 자기 일을 도와 달라는 친정아버지의 어려운 부탁을 선대 종손에게 말하자, 선대 종손은 "여기는 네가 시간이 나거든 와서 도와주면 되니까 대구에 가거라."라고 흔쾌히 허락하셨다. 그 덕분에 종부는 친정아버지 회사에 나가 경리 일을 28년 정도 할 수 있었고, 대구에서 자녀를 교육할 수 있었다. 그뿐만 아니라 선대 종부는 1년에 11번이나 있는 많은 제사를 책임질 며느리가 안쓰러워 늘 "네가 이걸 다 해낼라. 걱정이다."라고 하였다. 종부는 시부모의 배려와 응원 덕분에 지금까지 무탈하게 종부의 역할을 할 수 있었을 뿐만 아니라 직장인으로서 일과 가정을 모두 감당할 수 있었다.

선대 종부는 음식 솜씨가 좋았는데, 술·유과·엿·묵·두부 등을 잘 만들었다. 특히, 술은 참외로 막걸리를 담았는데, 그 옛날 겨울에 참외막걸리를 독에 담가 두고 집에 오는 사람들에게 한 사발씩 퍼 주면 서서라도 마시고 갈 정도로 맛이 좋았다고 한다. 그런데 종부는 요즘에는 참외막걸리 제조가 잘 안 된다고 한다. 왜냐하면, 옛날에는 참외가 그렇게 달지 않았는데, 요즘의 참외는 단맛이 너무 강해서 막걸리로 만들면 빨리 상하고 너무 짙어서 도리어 막걸리 맛이 안 나기 때문이라고 한다.

선대 종부는 술 이외에도 '빡빡장'과 '참깨된장'이라는 음식을 잘 만들었다고 한다. '빡빡장'은 경상도 말로, 된장을 아주 빡빡하게 끓여서 갖은 채소를 넣은 다음 물기 없이 밥을 비벼 먹는 음식이다. '참깨된장'은 여름에 쌈 싸 먹기가 좋다. 얼마 전에 있었던 간장 포럼에서 종부는 선대 종부의 '참깨된장'을 내놓았는데, 전라도 어떤 곳에서 책에 소개할 정도로 평이 좋았다. 종부는 선대 종부의 솜씨에 반도 못 따라간다고 겸손하게 말하지만, 선대 종부로부터 종가 음식 조리를 충실하게 배운 듯하다.

이 밖에 선대 종부는 '보풀임(보풀음·보푸라기·보푸리)'이라는 음식을 많이 만들었다고 한다. 이 음식은 '북어보푸리'가 대표적인데, 북어에서 뼈를 발라내고 숟가락으로 긁거나 강판에 갈아 보푸라기를 만든 다음, 이를 가지고 여러 음식을 만든다. 경북 양반가의 대표적인 음식으로 술안주에 제격이다. 선대 종부는 매우 고생스럽게 일일이 숟가락으로 긁어서 조리했는데, 종부는 믹서기에 갈아서 보푸라기를 만들어서 조리한다고 한다.

종부는 십몇 년 전부터 종부로서 활동하기 시작하였다. 다른 종가도 방문하고 음식도 시식하며 많이 배우고 있는데, 큰 도움이 된다고 하면서 현재 한식 국가자격증 시험을 보기 위해 공부하고 있다고 한다. 종부는 옛날에는 이런 일에 소극적이었는데, 종부로서 다양한 활동을 하면서 등암종가가 그냥 등암종가가 아니라는 자부심을 느껴 지금이 무척 행복하다고 한다. 더욱이 3년 전에는 경부회에서 총무 일을 했고, 지금은 사단법인 종가음식문화보존회에서 총무직을 맡는 등 대외활동에 적극적이다. 경부회는 불천위 제사를 모시는 대구·경북 종부의 모임이다.

종부는 종가의 내림음식도 중요하지만, 이것을 시대에 맞게

종부가 2023년 경북 전통음식 축제에 출품한 송엽주

변화시키는 것도 무척 중요하다고 한다. 그래서 등암종가라는 타이틀로 새로운 것을 만들어 내기 위해 무척 노력하고 있다. 그 중에 대표적인 것이 가양주 만드는 일이다. 앞서 말했듯이 등암종가는 대대로 참외막걸리를 가양주로 사용했는데, 요즘 생산되는 참외는 예전보다 당도가 높아서 이걸로 막걸리를 빚으면 상품성이 떨어진다. 그래도 종부는 가양주를 빚어 온 내력이 오래되어 새로운 가양주를 빚을 수 있다는 자신감으로 대구에서 가양주 개발에 계속 힘쓰고 있다.

종부는 요즘 술 빚는 방법이 옛날과 조금 다르다고 한다. 예전에는 누룩에다가 이스트를 넣고 주무른 다음 물만 부어 아랫목에 두면 그대로 막걸리가 되었는데, 요즈음은 막걸리보다 청주를 선호한다고 한다. 그래서 종부는 종부회 등을 통해 안동의 종부들과 소통하면서 많은 것을 배우고, 또 자신도 요리학원 등을 다니며 계속해서 배우고 있다. 그 결과 2023년 10월에는 '경북 전통음식 축제'에 '서암종가'를 타이틀로 '송엽주'라는 이름의 가양주를 처음으로 출품하는 성과를 내기도 하였다. 종부는 몸만 따라 준다면 송엽주를 가양주로 제대로 빚어서 차종부에게 전수하고 싶다는 포부를 밝혔다.

종부는 사회 활동도 열심히 하고 있다. 28년 정도의 직장 생활을 그만두자 처음에는 편했는데, 6개월 뒤부터 우울증이 왔다고 한다. 그 무렵 친구의 권유로 대구에 있는 동방대학에 들어갔다가 덜컥 회장까지 맡았다. 그러면서 자연스럽게 어느 대학에 속한 봉사 단체에 참여하였다. 이후 종부는 '대구사랑봉사단'에 가입하여 11년째 회장을 맡고 있다. 대구사랑봉사단은 봉사자만 200명이 넘는 큰 단체로, 시각장애인의 일상생활과 여가생활을 지원하고 각종 재난·재해 현장에서 현장 수습을 돕는 등 어려운 이웃을 위해 봉사 활동을 펼치고 있다. 종부는 작은 힘이나마 이웃을 도울 수 있어서 좋고, 또 봉사 활동의 덕으로 자식과 손자대에 무탈했으면 좋겠다는 바람을 밝혔다. 종부는 봉사 활동의 공로를 인정받아 보건복지부 장관상, 대구광역시 자랑스러운 시

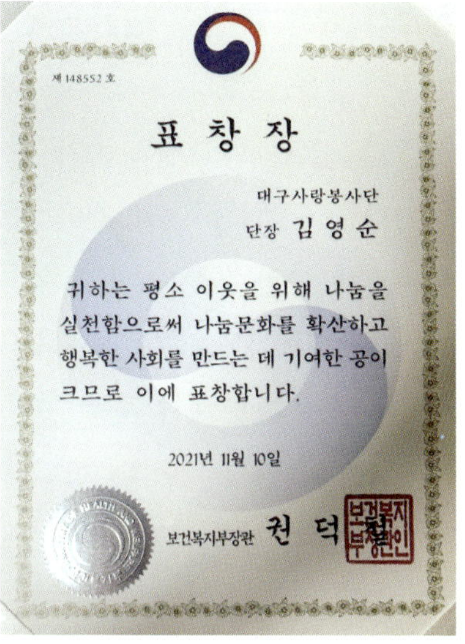

제 148552 호

표 창 장

대구사랑봉사단
단장 김 영 순

귀하는 평소 이웃을 위해 나눔을 실천함으로써 나눔문화를 확산하고 행복한 사회를 만드는 데 기여한 공이 크므로 이에 표창합니다.

2021년 11월 10일

보건복지부장관 권 덕 철

종부가 2021년에 수상한 '표창장'(등암종가 배윤호 제공)

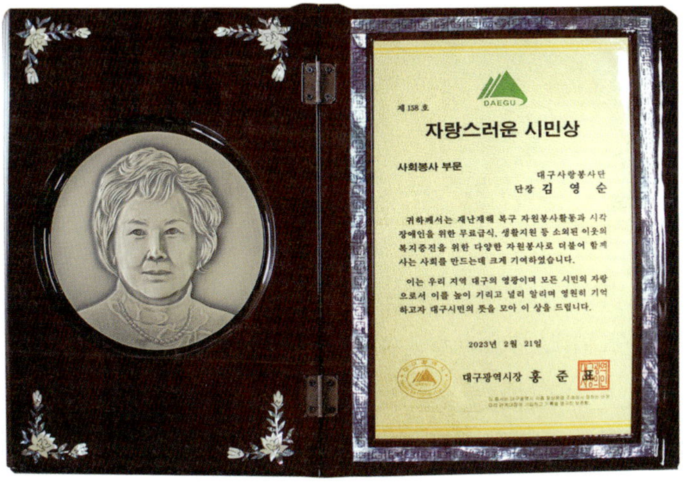

DAEGU

제 158 호

자랑스러운 시민상

사회봉사 부문

대구사랑봉사단
단장 김 영 순

귀하께서는 재난재해 복구 자원봉사활동과 시각장애인을 위한 무료급식, 생활지원 등 소외된 이웃의 복지증진을 위한 다양한 자원봉사로 더불어 함께 사는 사회를 만드는데 크게 기여하였습니다.

이는 우리 지역 대구의 영광이며 모든 시민의 자랑으로서 이를 높이 기리고 널리 알리며 영원히 기억하고자 대구시민의 뜻을 모아 이 상을 드립니다.

2023년 2월 21일

대구광역시장 홍 준 표

종부가 2023년에 수상한 '제46회 자랑스러운 시민상'

민상도 받았다. 종부는 이런 큰 상을 받은 만큼 앞으로 더 봉사 활동을 했으면 하는 소망을 밝혔다. 요즘에도 종부는 무척 바쁘다. 필자와 면담을 하고 있던 무렵에도 종가 음식을 발전시키기 위해 한식 조리사 자격증을 취득하려고 계속 공부하고 있고, 또 수해 지역인 충북 괴산에 봉사 활동을 하러 갔다 왔을 뿐만 아니라 필자와의 면담 다음 날 이웃 돕기 바자회를 열었다.

한편, 종부는 종택 터를 활용해서 차종부와 원하는 일을 하고 싶고, 또 종가 음식이나 가양주 빚는 방법 등을 차종부에게 전수해 주고 싶은 바람이 있다. 하지만 차종부에게 아직 부담을 주고 싶지 않은 것도 사실이다.

질문: 차종부를 맞으셨을 때 차종부에게 해 주신 말씀이 있으신지요?

종부: 우리 큰아들이 '우리 집은 이런 집이다. 시집오겠느냐?' 했더니, (차종부가) 흔쾌히 대답했다고 하더라고요. 그래서 제가 (차종부를) 처음 봤을 때 '너 뭐 보고 우리 집에 시집왔느냐?'라고 했지요. 그때만 해도 할아버지 할머니 다 계셨지, 우리 내외 다 있지, 진짜 버거운 집안이거든요. 거기다 4대 봉제사, 영각 제사, 향사까지 일 년에 제사가 한 열 번 정도인데, 직장 생활도 해서 제가 다 안 불러요. 제가 힘들었던 부분이 많았기 때문에 아직은 자녀들한테 큰 짐을 지워 줘서는 안 되겠다는 생각이에요. 저는 그런 이야기는 합니다. '내가 이렇게 힘들었으니까, 너는 내가 있을 때 조금 더 배워 알

았으면 좋겠다.' 얘기하면 (차종부가) 대답은 흔쾌히 잘하는데, 20년 차 되면 안 하겠나 생각은 합니다. 지금 시집온 지 17년 차니까 한 3년 후부터 안 하겠나 생각해요.

차종부가 혼인할 때만 해도 할아버지, 할머니, 종손 내외뿐만 아니라 4대 봉제사, 영각 제사, 향사까지 1년에 제사만 11번 정도였다. 종부 역시 직장인으로 대구와 성주를 오가며 종가의 대소사를 처리하면서 많이 힘들었기 때문에 직장 생활을 하는 차종부에게 부담 주지 않기 위해 노력하고 있다. 그러면서도 종부는 자기가 있을 때 차종부가 조금 더 배웠으면 하고, 또 시집온 지 17년이 되었으므로 3년 뒤에는 종가의 대소사를 조금씩 맡았으면 하는 바람을 내비치기도 하였다. 종부는 차종손 부부에게도 "한문 공부를 좀 많이 했으면 좋겠다. 집안 대소사에 참석해라."라는 말을 자주 한다고 한다.

종손 내외가 조상 제사를 모시며 부모에게 효도하고 어른을 공경하며 종가의 대소사를 묵묵히 실천하는 모습은 자손들에게 모범이 되고 있다. 특히, 손자녀들에게 많은 영향을 끼치고 있다. 실제로 손자는 종가의 유물이나 책을 보면 할아버지에게 많이 묻는 등 차종손보다 더 종가에 관심이 많다고 한다.

질문: 문중 분들이 배설 장군 말씀을 많이 하시네요?

종부: 영화 <명량>이 엄청나게 떴잖아요. 그것도 젊은 애들이 많

이 봤단 말이에요. 그러니까 우리 손자가 그 얘기를 하는 거예요. '할아버지, 배설 장군이 역적으로 나오더라. 우리 반 친구들이 내가 배설 장군 후손이라고 하니까 너거 할배가 역적이다.' 그러니까 그게 문제가 생기는 거예요. 그게 극 중에서 끝나면 되지만 그게 아니잖아요. 그래서 우리 큰손자가 역사에 관심이 많아요. (손자한테 그런 부분을 어떻게 교육하셨는지요?) 배설 선조 관련 역사책 비슷한 게 집에 한 권 있어요. 그걸 가지고 가서 보라고 줬더니, 보고 가서 반 친구들한테 얘기하니까 반 친구들이 고개를 끄덕끄덕하더라고 해요.

2014년 7월에 개봉한 〈명량〉이라는 영화가 1천700만 관객을 끌어모을 정도로 이른바 '흥행 대박'이 났다. 그러나 이 영화는 배설 장군을 악의적으로 묘사하여 많은 논란을 낳았다. 이 일은 종부의 손자에게도 영향을 미쳤다. 손자가 학교에서 친구들에게 "내가 배설 장군 후손이다."라고 하니까, 친구들이 "너거 할배가 역적이다."라고 했다는 것이다. 예민한 청소년기에 이런 말을 들으면 마음이 몹시 상하기 마련이다. 집에 돌아온 손자가 종손에게 이 일을 말하자, 종손이 배설 장군의 행적과 관련된 바른 책을 주며 읽어 보라고 하였다. 손자가 이 책을 읽고 학교에 가서 친구들에게 "역사가 그렇게 된 게 아니고 영화는 가상이다."라고 하면서 배설 장군 관련 책의 내용을 소개하자 친구들이 고개를 끄덕이며 수긍했다고 한다. 또한 종가의 전통문화와 관련한 일화도 들려주었다.

질문: 보여 주시는 게 손자녀 교육에도 영향이 있겠네요?

종부: 종가 풍습이 어른들 돌아가시는 과정을 자손들이 다 보고, 저희가 상여를 마련하여 산소까지 모시고 올라갔거든요. 애들이 그거를 보고 아직도 기억하고 얘기를 하는 부분이 있어요. '할머니, 영구차만 가는 줄 알았는데, 상여도 하네.' 그래서 옛날 책을 펴 놓고 이야기를 해 주지요. 그 애가 지금 고등학교 1학년이에요. 지금은 전혀 모르는 애들도 많잖아요. 보고 배우는 게 무서워요. 부모가 모범이 되어야 해요. 우리가 함으로써 애들이 보고 배우는 거지, 실지로 말로 여러 번 해 봐야 (애들은 이해가 잘) 안 되거든요.

선대 종손은 93세의 나이로 2021년에 세상을 떠났는데, 이때 전통적 상여가 나갔다. 요즘 세상에 상여를 보기란 무척 어렵다. 대부분 영구차로 고인을 모시기 때문이다. 현 종손의 손자는 이때 전통 장례의 절차와 풍습을 직접 체험하였다. 그때의 기억이 강렬하여 고등학생이 된 지금도 "할머니! 영구차만 가는 줄 알았는데, 상여 행렬도 하네."라고 하며, 그때의 일을 말하곤 한다는 것이다. 종손이 어렸을 때 할아버지와 함께 생활하면서 종손의 자질을 갖추어 갔듯이, 손자 역시 종가의 대소사에 참여하면서 자연스럽게 종손으로서 갖춰야 할 덕목과 자세를 갖추어 갈 것이다. 이렇게 해서 등암종가는 다음 세대로 전승되는 것이다.

종부는 "차종손과 차종부가 지금 이대로만 가 주면 고맙겠다고 생각합니다."라고 하면서 종가의 가풍이 지금처럼만 전승되면 좋겠다는 소망을 밝혔다. 아마 여기에서 더욱 간소화되고 축소되면 종가의 전통과 문화가 사라지는 것은 아닌가 하는 우려에서 하는 말인 듯하다. 끝으로 종부는 많은 사람과 지손들의 기대에 부응해서 등암종가를 잘 유지하겠다는 포부를 밝혔다.

참고문헌

金涴,『龍蛇日錄』

裵德文,『書巖先生實記』

裵尙龍,『藤庵先生文集』

裵尙虎,『愧齋先生文集』

裵錫一,『不知庵文集』

裵碩徽,『謙翁先生文集』

裵正徽,『孤村先生文集』

『星州裵氏進士公諱俔派譜』

宋世彬,『晩悔亭遺稿』

鄭逑,『寒岡先生文集』

趙任道,『澗松先生文集』

許穆,『記言』

강응천 외 7명,『16세기, 성리학 유토피아』, 민음사, 2014.

김강식 외 7명,『국난기 성주의 대응과 극복』, 성주문화원, 2018.

김지은,『대나무 벗 삼아 다진 절개, 성주 죽헌 최항경 종가』, 예문서원, 2012.

남재주,『조선후기 영남 예학 연구』, 도서출판 3, 2019.

문중양 외 4명,『17세기, 대동의 길』, 민음사, 2014.

배상룡 원저, 박미경 옮김,『(국역)등암선생문집』, 한국국학진흥원, 2014.

배정휘 원저, 강희대 역주,『역주 고촌선생문집』, 성주문화원, 2022.

성백효 역주,『譯註 心經附註』, 전통문화연구회, 2003.

『星州郡誌(上·下)』, 성주문화원, 2012.

『성주금석문대관(2)』, 성주문화원, 2018.

이세동 역주, 李潤雨 원저·鄭在夔 편정, 『蓬山浴行錄, 한강선생 동래온천에 가다』, 성주문화원, 2016.

진동혁, 『古時調文學論』, 도서출판 夏雨, 2000.

정의우 외 21명, 『문집해제』 19, 한국국학진흥원, 2013.

한영우, 『다시찾는 우리역사』, 경세원, 2013.

황위주, 『처마끝 소나무에 갈무리한 세월, 경주 송재 손소 종가』, 예문서원, 2012.

김학수, 「船遊를 통해 본 洛江 연안지역 선비들의 집단의식 －17세기 寒旅學人을 중심으로－」, 『嶺南學』 18집, 경북대학교 영남문화연구원, 2010.

이규필, 「孤村 裵正徽의 삶과 문학론 연구 －〈文說〉을 중심으로－」, 『嶺南學』 83집, 경북대학교 영남문화연구원, 2022.

이세동, 「등암(藤庵) 배상룡(裵尙龍)의 생삼사일(生三事一)의 삶」, 『嶺南學』 31집, 경북대학교 영남문화연구원, 2016.

국립민속박물관, 한국민속대백과사전 http://folkency.nfm.go.kr

한국학중앙연구원, 디지털성주문화대전 http://seongju.grandculture.net

한국국학진흥원, 목판아카이브 https://mokpan.ugyo.net

지은이

황동권 黃東權

경북 영덕군 영해 출신으로 안동대학교, 경북대학교를 거쳐 계명대학교 대학원 국어국문학과(한문학 전공)에서 박사학위를 받았다. 현재 한국국학진흥원과 한국학호남진흥원에서 번역위원으로 활동하고 있다. 영남학파 문학에 관심을 두고 공부하고 있다. 저서로는 『18세기 경주의 문인과 문학』(공저)이 있고, 역서로는 『계암일록』(공역), 『경설유편』(공역), 『허암유고』(공역) 등이 있으며, 논문으로는 「팔우헌 조보양의 〈의한부〉에 대하여」, 「『연암집』 교감과 여러 이본의 평어에 대한 고찰」(공저), 「병곡 권구의 균부론 고찰」 등이 있다.

경북의 종가문화 76

생삼사일의 삶,

성주 등암 배상룡 종가

찍은 날 2024년 4월 15일
펴낸 날 2024년 4월 22일

기획 경상북도 · 경북대학교 영남문화연구원
지은이 황동권
펴낸이 홍원화
펴낸 곳 경북대학교출판부
출판등록 1973년 10월 10일 ㉑97호
주소 대구광역시 북구 대학로 80
전화 053-950-3830
팩스 053-953-4692
이메일 press@knu.ac.kr
홈페이지 http://knupress.com

ISBN 978-89-7180-642-5 94900
978-89-7180-638-8 (세트)

정가는 뒤표지에 있습니다. 파본은 바꾸어 드립니다.